USCHI (

HIGH TIMES

Mein wildes Leben

WILHELM HEYNE VERLAG

MÜNCHEN

FSC

Mix

Produktgruppe aus vorbildlich
bewirtschafteten Wäldern und
anderen kontrollierten Herkünften

Zert.-Nr. SGS-COC-1940
www.fsc.org
© 1996 Forest Stewardship Council

Verlagsgruppe Random House FSC-DEU-0100
Das für dieses Buch verwendete FSC-zertifizierte Papier
München Super liefert Mochenwangen.

Taschenbucherstausgabe 05/2008

Printed in Germany 2008
Redaktion: Angela Kuepper
Umschlagfoto: © Bettina von Waldthausen
Umschlaggestaltung: Andri Eberhart, Hauptmann und
Kompanie Werbeagentur, München–Zürich
Satz: Buch-Werkstatt GmbH, Bad Aibling
Druck und Bindung: GGP Media GmbH, Pößneck

ISBN 978-3-453-64033-7

Inhalt

Immer weg

1

Ich wurde 1946, direkt nach dem Krieg, mit einem Hüftdefekt geboren. Dazu kam Kalkmangel durch die schlechte Ernährung während des Krieges. Deshalb musste ich in eine Schiene. Damit ich ruhig liegen konnte und der Knochen nachwuchs. Andere Mütter hatten falsches Mitleid und nahmen ihre Kinder frühzeitig aus der Schiene. Was zur Folge hatte, dass die Kinder dann mit einem dünnen Bein und mit einem großen Klumpschuh zwischen den anderen Kindern herumhinkten und grausam gehänselt wurden.

Eines von diesen Mädchen ging später in meine Klasse, von ihrer Natur her eigentlich eine Hübsche, wirklich Nette. Aber man sah, wie sie im Kampf gegen die anderen allmählich immer verbissener wurde, ein verkniffenes Gesicht bekam und schließlich aussah wie eine alte Frau. Deshalb war ich meiner Mutter dankbar, dass sie darauf geachtet hatte, dass ich in der Schiene blieb, obwohl es ziemlich schmerzlich war.

Die Sonne schien durch das kleine Fenster in meinem Kinderzimmer, und ich lag mit der Schiene im Bett und wollte hinaus, aber ich konnte nicht. Bis heute kriege ich klaustrophobische Zustände, wenn mir jemand die Füße festhält oder wenn die Bettdecke eingeklemmt ist. Ich denke, mein unbändiger Freiheitsdrang hat mit diesem Eingeschlossensein zu tun. Mein Wunsch, in die Welt zu treten, dieses »Immer weg«, kommt daher. Meine Eltern haben mich nie mit in den Urlaub genommen, und ich war neidisch auf alle, die aus Deutschland rauskamen. Oft saß ich vor Reiseprospekten und vertiefte mich in Ansichtspostkarten, besonders Palmen und das Meer hatten es mir angetan. Meine erste Lieblingspuppe hieß *Luli*, eine Hawaiipuppe, nicht ganz schwarz, nicht ganz Neger, aber dunkel mit echten, langen schwarzen Haaren. Ich wollte schon immer das Exotische, schon von klein auf.

Meine erste Erinnerung ist an einen hellen Sommertag in Sendling an der Laubengartenkolonie, die das Scherbenviertel genannt wurde, weil dort in der Nähe die Asozialen mit den eingeschlagenen Scheiben wohnten. Wir hatten ein holzverkleidetes, dunkles Einfamilienhaus – gutbürgerlich, aber nicht gerade vom Feinsten –, das sich meine Familie mit meinem Onkel und meiner Tante teilte. Wir wohnten in der oberen Hälfte, sie in der unteren, hatten aber separate Eingänge. Deswegen durfte ich nicht vom Tisch springen, als die Schiene ab war – das war meine einzige Pein. Meine Eltern haben meinetwegen geheiratet. Mein Vater war damals neunzehn und meine Mutter zweiundzwanzig, und seine Familie war anfänglich entsetzt darüber, dass er eine ältere Frau heiratete, aber ich war unterwegs. Ich bin das einzige Kind geblieben, weil meine Eltern sich ziemlich schnell wieder scheiden ließen. Da war ich sechs oder acht.

Ich erinnere mich noch daran, wie meine Mutter wegen einer Kehlkopfoperation ins Krankenhaus musste. Mein Vater, der sich sonst nicht um mich kümmerte, musste mich anziehen und mir in die langen Unterhosen helfen. Dazu haben wir gesungen:

»Wenn die Soldaten durch die Stadt marschieren.
Dann öffnen die Mädchen die Fenster
und die Türen!
Heiwarum, heiwarum!«

Ich liebte es, wenn mein Vater sich ganz auf mich konzentrierte, und merkte, dass etwas nicht stimmte, wenn er mich zu meinem Onkel, dem Fabrikanten, abschob. Als meine Mama aus dem Krankenhaus zurückkam, durfte sie wegen der Operation nicht reden, aber anscheinend hatte mein Vater sie in der Zwischenzeit betrogen. Sie versuchte, ihn unter großen Schmerzen anzuschreien, doch es kam nur ein heiseres, hässliches Krächzen hervor, und dabei liefen ihr die Tränen übers Gesicht. Dieses Bild hat sich tief in mich eingebrannt. Ich habe mir nur gewünscht, dass alles wieder gut wird, dass sie sich mögen. Ich wollte mich nicht entscheiden zwischen den beiden. Aber er ist danach ausgezogen.

Mein Vater war hip, sehr jung und sehr gut angezogen, er trug weite Anzüge und italienische Schuhe. Er hatte Lifestyle und einen starken Hang zu den Sinnesfreuden, dazu noch Geschmack. Meine Mama und er waren wirklich aus verschiedenem Holz.

Max Obermaier war das heiß geliebte schwarze Schaf und für mich der tollste Mann überhaupt – allerdings wusste auch jeder, dass er ein Bruder Leichtfuß war, der im Leben immer den einfacheren Weg nahm, sich daheim nie auf eine Konfrontation einließ und Konflikten aus dem Weg ging. Auf der anderen Seite war er wild, ein blonder, gut aussehender Mann mit Tolle, ein Schlagzeuger und echter Lebemann. Ich hatte ein Foto von meinem Vater, auf dem er aussah wie ein Gangster – ich mochte immer schon die Bösewichter. Als kleines Mädchen stand ich sogar auf *Chess,* einen amerikanischen Massenmörder, der auf dem elektrischen Stuhl hingerichtet wurde. Der sah heiß aus, so männlich, den wollte ich auch heiraten.

Mein Vater stammte aus einer Familie mit sechs Kindern. Die Obermaiers haben sich einiges auf ihre Herkunft eingebildet, meine Mutter galt bei denen immer nur als die *Zugeheiratete.* Mein Großvater väterlicherseits hatte eine Schaufensterpuppenfabrik, und die Obermaierpuppen waren die bekanntesten in München. Viele Schauspielerinnen aus der Zeit kamen zu ihm ins Haus, um sich für die Puppen abbilden zu lassen, die in jener Zeit noch Unikate waren. Er konnte sich schon damals ein schönes, großes Haus am Starnberger See leisten und sogar einen Swimmingpool. Da sind wir an den Wochenenden und in den Ferien hingefahren. Drei Mädchen und drei Jungen aus dem Obermaierklan. Die Kinder der Brüder und Schwestern meines Vaters.

Mein Vater verdiente nach dem Krieg gut als Dekorateur, denn er arbeitete für die besten Geschäfte der Stadt.

In seiner Freizeit baute er Modellflugzeuge, die wirklich fliegen konnten, und ließ sie mit mir auf den

Wiesen steigen. In die Flugzeuge setzte er eine von meinen Puppen und katapultierte sie heraus, wenn das Flugzeug in der Luft war.

Die Pupperl haben wir nie wiedergefunden, und wenn sich das ein anderer erlaubt hätte, dann hätte ich getobt. Aber mein Vater durfte das. Wenn ich jemanden liebe, darf der alles. Ich stand tierisch auf meinen Vater, und das Verhältnis zwischen uns war nie ein Vater-Tochter-Verhältnis, sondern von meiner Seite eher ein Liebesverhältnis. Allerdings hatte die Liebe zu meinem Vater eine sehr schmerzhafte Seite. Eine, für die ich ihn hasste, denn er kümmerte sich nicht um mich.

Als ich geschlechtsreif wurde und anfing, an Sex zu denken, wollte ich, dass mein Vater der erste Mann wäre – den kannte ich, den habe ich geliebt. Ich stellte mir vor, wie ich ihn in seinem Atelier küsste, und bei unserem Begrüßungskuss schloss ich immer die Augen. Meine Liebe habe ich ihm aber nie gestanden. Stattdessen habe ich im Bücherschrank meiner Mutter heimlich die Buchclubausgaben von *Lady Chatterley* und *Lolita* gelesen und die heißen Stellen rausgesucht.

Meine Mutter hat in all den Jahren nie schlecht über meinen Vater geredet, obwohl sie allen Grund dazu gehabt hätte. Im Gegensatz zu meinem Vater, der dauernd schlecht über sie redete und behauptete, er habe sie nur geheiratet, weil sie so tolle rote Haar und eine klasse Figur gehabt hätte.

Mein Vater und ich verabredeten uns immer bei ihm zu Hause, und dann fuhr ich mit der Straßenbahn durch die halbe Stadt zu ihm, was für mich damals eine kleine Weltreise war, aber ich habe mich immer sehr darauf gefreut, nach Schwabing rauszukommen und den Vati zu sehen.

Acht von zehn Malen vergaß der Hundling dann allerdings, dass ich kam. Dann saß ich auf der Eisentreppe vor seinem Atelier und wartete und wartete. Aber er kam einfach nicht. Schließlich fing ich an zu heulen wie ein Schlosshund. Damals habe ich mir zum ersten Mal gedacht: Ich will nicht lieben. Dabei wirst du nur verletzt.

Da war ich zwölf.

Auch mein Vater betrachtete unsere Beziehung zueinander anders als ein durchschnittliches Vater-Tochter-Verhältnis. Als ich dreizehn war, ging er mit mir eingehakt seine Freunde besuchen, und weil er gewöhnlich immer junge Freundinnen hatte, dachten die, ich wäre seine neueste Flamme. Später bin ich ihm dann sogar draufgekommen, dass er eine Affäre mit einer Schulkameradin hatte. Er hat behauptet, nicht gewusst zu haben, dass sie in meine Schule ging, aber Rosy und ihre Schwester Layla hatten sowieso einen Ruf als harte Pflanzen und das, obwohl oder vielleicht auch gerade, weil sie Offizierstöchter waren. Rosy war erst dreizehn, als sie mit meinem Vater zusammen war.

Die erste richtige Freundin meines Vaters war eine Unternehmertochter. Allerdings war ihren Eltern die Herkunft meines Vaters nicht gut genug, um einer Heirat zuzustimmen. Vor der Frau hatte ich totale Ehrfurcht. Sie sah fantastisch aus, war schon in Amerika gewesen und hatte während ihres Aufenthalts einem berühmten Maler Modell gestanden. Vanessa, so hieß sie, hatte tierische Titten! Total üppig, und dazu noch so einen Namen! Als wir einmal bei ihr eingeladen waren, gab es Sandwich mit Thunfischsalat. Von da an war Thunfischsalat für mich der Ausdruck größten Luxus.

Mein Vater war peinlichst berührt, als er mit Vanessa an den Starnberger See kam, weil ich so einen starken bayrischen Akzent hatte und weil ich immer den gleichen, gerade auswendig gelernten Spruch herunterplärrte: »Do zarreisst ja ned amoi a nosse Zeitung.« Vanessa verstand gar nicht, was ich sagen wollte, und mein Vater nahm mich zur Seite und erzählte mir das. Von da an habe ich mich oft für meinen starken bayrischen Akzent geschämt.

Weil mein Vater auf attraktive Frauen stand, habe ich mir gedacht, dass ich auch eine tolle Frau werden muss. Nur dann würde mein Vater mich beachten.

Mein Trieb war deshalb, in die Zeitung zu kommen. Wenn er mich schon nicht lieb hat, dann liest er wenigstens über mich, dachte ich.

Einmal sagte ich zu meiner Mama: »Wenn ich nicht in die Zeitung komme, dann ermorde ich jemanden.« Und wenn jemand aus unserer Verwandtschaft eine Kamera hatte, dann nötigte ich ihn, ein Foto von mir zu machen.

Da gab's nix, vorher kam der nicht aus dem Haus. Ich war von früh auf kamerageil und wollte Fotos von mir haben.

Als ich zwölf war und in München Fasching war, ging ich allein zum Marienplatz und zog mir nur einen schwarzen Strich längs durchs Gesicht und band mir einen Pferdeschwanz. Ein wildfremder Mann sprach mich an und bat, ein Foto von mir machen zu dürfen, was mich total begeisterte.

Meine Mutter sagte dazu nur: »Was glaubst denn du schon, wer du bist?«

Ich fand mich speziell, aber ich habe mich nicht getraut, auch so zu handeln. Auf den Fotos habe ich gesehen, dass ich anders war als die anderen, und auch an der Reaktion der Männer auf mich habe ich es gemerkt. Das war mir sehr recht, denn ich wollte nie Durchschnitt sein und habe mich selbst immer gemocht. Aber dieser negative Aspekt, der durch meine Mutter kam, hat mich später oft gehindert, auf eine

Sache oder einen Mann richtig einzusteigen, weil immer ein Rest da war, der dachte: Ich bring es ja doch nicht, ich bin ja bloß Durchschnitt, das schaff ich doch nie …

Ich wurde schon mit fünf eingeschult, weil ich so lebendig war und weil ich wegen meiner Hüfte wenigstens ein paar Stunden am Tag ruhig sitzen sollte. Ich wollte nicht, und sie haben mich da richtiggehend hingelockt: Mit der großen Schultüte und mit dem Versprechen, dass es in der Schule Mulattenkinder gebe. Ich stand auf schwarze Kinder, und meine Mutter und meine Verwandten haben mir hoch und heilig versprochen, in meiner Klasse befände sich mindestens ein Mulattenkind. Das war natürlich nicht der Fall. Ich war schwer enttäuscht und wollte gleich wieder gehen, aber da war es zu spät, und nichts half mehr.

Wenn ich bockig war oder was ausgefressen hatte, sperrte meine Mutter mich auf dem kalten Klo ein.

»Wenn du wieder lieb sein willst, kommst du auch wieder raus.«

Aber ich hab mich gut selbst beschäftigen können und da drinnen einfach angefangen, mit Wäscheklammern zu spielen. Bis ihr das selbst irgendwann unheimlich wurde.

»Um Gottes willen, das arme Kind holt sich ja 'ne Erkältung auf dem Klo«, hieß es.

Dann steckte sie den Kopf durch die Tür und fragte:

»Bist du jetzt wieder lieb?«

»Nee«, antwortete ich dann, aber für viele Jahre war sie natürlich am längeren Hebel.

Babyspeck und Judenstrick

2

Im Scherbenviertel wohnten die Springborns mit einigen Söhnen, die waren Biker. Mit Lederjacken, die Haare an den Seiten angeklatscht und oben zur Tolle gedreht. Echte Halbstarke. Vor der Gartensiedlung lag ein kleiner Park, und da hingen die immer rum. Die Jungs waren schon älter, um die achtzehn, und ich fand sie cool, weil sie so wild waren und das auch so offensichtlich raushängen ließen. Wenn die Jungs im Park waren, habe ich immer wie zufällig dort Ball gespielt. Die haben mich auch irgendwie gemocht. Bei dem einen wollte ich immer auf dem Schoß sitzen, und der hat mich auch gelassen. Dann wurde ich zum ersten Mal auf eine der Kellerpartys bei meiner Cousine eingeladen, mit Platten von Elvis, Peter Kraus und Ted Herold. Alle kamen in Existenzialistenaufmachung, Baskenmütze, schwarze Strumpfhosen und Ringelpullover. Im Schummerlicht habe ich zum ersten Mal ganz eng getanzt. Da war ich zwölf und schon hip.

Ich stand sehr früh auf Jungs. Schon am Starnberger See, als wir Kinder abends die Milch beim Bauern holten, trafen wir uns heimlich mit den Jungs und rauchten Judenstrick, irgend so ein Gewächs – ganz stark, richtig scharf. Und ließen uns so 'n bisschen an den Titties anfassen.

An der Wand in meinem Kinderzimmer hatte ich einen großen Karton mit Postern von James Dean und Brigitte Bardot, weil ich nichts an die Wände kleben oder nageln durfte.

Ich bin gern früh ins Bett gegangen, weil ich dann ungestört träumen konnte. Ich habe mir vorgestellt, wie ich in den Filmen mitspielte, und in meiner Fantasie habe ich dabei immer ausgesehen wie Brigitte Bardot. Ich musste mir vorher allerdings jedes Mal überlegen, ob ich gerade lange silbrige Haare, blonde gerade oder blonde gewellte Haare hatte. Diese Einzelheiten mussten erst stehen, bevor ich einsteigen konnte. Dann habe ich die Szenen im Kopf nachgespielt – wie Jimmy da vor dem Haus im Auto sitzt, die Füße hochgelegt, den Cowboyhut in den Nacken geschoben, und ich habe mir vorgestellt, wie wir uns küssen und er sich an mich drängelt.

Ich konnt's gar nicht abwarten, abends ins Bett zu kommen, weil ich da endlich meine Geschichten weiterspinnen konnte.

Mit dreizehn kam ich dann aus der Schule und wollte unbedingt Dekorateurin werden, wie mein Vater. Doch das erlaubte meine Mama nicht.

»Du bist ja eh schon so schlampig und hast deine Sachen nicht beieinand'. Die sind alle so schlampig, die Dekorateure.«

Für die Grafikerschule war ich zu jung, also blieb Retuscheur. Zum Lehrbeginn kaufte meine Mutter mir eine Handtasche und einen Büstenhalter aus Brüsseler Spitze. Den hätte ich eigentlich noch gar nicht gebraucht, aber ich war trotzdem furchtbar stolz auf diesen ersten unwiderlegbaren Beweis meiner Weiblichkeit.

Am nächsten Tag fing dann die Retuscheurlehre an, und das war die reine Qual.

Ich musste um sieben dort sein und mit der Straßenbahn erst mal durch die halbe Stadt fahren. Das hieß, um fünf Uhr früh aufzustehen. Die größte Vergewaltigung bedeutet für mich, wenn ich nach anderer Leute Rhythmus leben muss, denn wenn ich nach dem Wecker aufwache, bin ich total am Boden zerstört. Ich weiß nicht, wo unten ist, wo oben ist – was gerade oder ungerade ist. Ich weiß nicht einmal mehr, wer ich bin.

Damals zitterte ich fast, und bei dem Gedanken, das jetzt drei Jahre lang jeden Morgen durchzumachen, schnürte sich mir der Hals zu. Ich allein wollte die Herrin meiner Zeit sein.

An manchen Tagen musste ich noch vor sieben dort sein und den anderen ihre dreckigen Farbtöpfe auswaschen und Brotzeit holen. Der Betrieb bestand im Wesentlichen aus einer Druckhalle und einem riesigen Fabrikgebäude, in dem die ganzen Retuschierpulte standen. Lichtpulte, aufgereiht in einem riesenlangen Raum, wo man saß und an Negativen arbeitete oder an Vierfarbdrucken für Negative, die dann den Farbendruck ergaben.

Ich korrigierte Fehler auf den Negativen, meistens für Versandhauskataloge.

Wenn da ein Kleidungsstück komisch saß oder eine Falte merkwürdig fiel, habe ich das retuschiert und dann einen Farbabgleich gemacht. Die verschiedenen Negative mussten ja auch in den Farbwerten zusammenpassen.

Wenn es nix zu tun gab, bin ich trotzdem am Pult

sitzen geblieben und habe Fotos von James Dean auf Fotopapier mit Fotofarbe minutiös kopiert.

Dann habe ich meine eigenen Fotos genommen und zur Idealform retuschiert. Den Babyspeck rausgeschnitten, einen kleinen Pickel retuschiert und die Delle in meiner Nase auf dem Foto verschwinden lassen. So, wie ich als kleines Mädchen anfing, meinen Körper zu formen, habe ich am Retuschiertisch meine Idealform gefunden und später auch so ausgesehen.

Eigentlich hasste ich diese Detailarbeit. Schon wenn ich als Kind gezeichnet habe, hatte ich es immer so eilig, dass ich die Fenster in den Häusern nicht eckig, sondern rund gemalt habe, so schnell musste alles gehen. In der Ausbildung habe ich dann aber das Beste für mich daraus gemacht und beim Zeichnen Geduld erlernt. In meiner Freizeit habe ich sogar viel gezeichnet. Mein Lieblingsonkel Otto war Grafiker. Ich war andauernd in seinem Atelier, und er hat mir gezeigt, wie man perspektivisch zeichnet. Er und seine Frau sind mit mir auch in Ausstellungen gegangen. Dort stand ich auf die Impressionisten und Toulouse Lautrec, den habe ich geliebt! Den hätte ich trotz seiner Verkrüppelung geheiratet.

Der lange Raum im Betrieb wurde von Herrn Brodel regiert, einem großen cholerischen Kahlkopf im Arbeitskittel, den wir jeden Tag schon von Weitem herannahen hörten. Stampf! Stampf! Stampf! Wie der Nikolaus! Alle stoben auseinander und konzentrierten sich schweigend auf ihre Arbeit. Vor dem hat jeder gezittert.

Als Stift musste ich ihm zu jeder Tages- und Nachtzeit eiskaltes Bier bringen. Und wehe, das war nicht eiskalt genug – wie der gebrüllt hat! Als ginge es um Leben und Tod oder noch Wichtigeres.

Die Lehre wurde ganz schnell zu einem Kafkatraum, der mich nicht mehr losließ, und dazu kamen noch diese ganzen unübersichtlichen Intrigen und der Hierarchiescheiß von den Lebenslangen dort, den Zwischenchefs und den Unterbossen – es war entsetzlich.

So oft ich konnte, floh ich ins Kino, und wenn ich rauskam, fühlte ich mich innen wie Sophia Loren, ich konnte förmlich ihre Backenknochen spüren und für ein paar Tage sprechen und mörderisch verführerisch schauen wie sie. Dann wurde ich wieder zu Uschi.

Eine Freundin meiner Tante heiratete dann einen Amerikaner, der in Augsburg in der Mansfield-Kaserne wohnte, und dort kam ich zum ersten Mal selbst mit der großen weiten Welt in Berührung – mit Amerika, den amerikanischen Autos und den amerikanischen Filmen. Allein die Tatsache, dass jemand Amerikanisch sprach, war eine Sensation. Jeder auf dem Kasernengelände hatte einen Fernseher, und die Lebensmittel sahen aus wie Kunstgegenstände, dazu die Footballspiele, die Männer mit ihren Riesenschultern, ausstaffiert wie Superhelden – bei den Amis war alles locker.

Man durfte während der Vorstellungen im Kino reden, Cola trinken und Popcorn essen, und die Kinder liefen herum. Bei uns in den deutschen Kinos war's immer »Hsschhh«, kaum dass man mal gemuckst hat. Das Allergrößte aber waren die Hotdogs. Meine arme Mutter wollte die nachmachen mit Semmeln und ohne *Relish,* aber das ging natürlich nicht.

Für mich stand fest: Aus der Lehre wollte ich bei der ersten Gelegenheit raus. Aber da gab's erst mal nix. Von wegen mit der Lehre aufhören, damit brauchte ich meiner Mama gar nicht zu kommen.

Eines Tages hatte ich deshalb eine Idee und behauptete, nicht mehr gut sehen zu können. Und von da an sah ich auch wirklich nicht mehr gut. Ich bin der Meinung, dass man sich selbst hypnotisieren kann, wenn man will.

Ich bin auch überzeugt, dass ich meine Brüste beim Wachsen beeinflusst habe. Ich habe meine Idealbrüste auf Papier gemalt und sie dann quasi »gezwungen«, genau so zu wachsen, und mit dem Ergebnis war ich zufrieden.

Vor dem Sehtest hielt ich ein eng beschriebenes Blatt dicht vor meine Augen und starrte drauf, bis ich Kopfschmerzen bekam, dann kriegte ich ein Zeug in die Augen, damit sich die Pupillen weiteten, und von da an konnte ich für eine Woche nichts mehr sehen.

Das war der erste Flop, denn ich hatte mich schon auf eine Woche Lesen daheim gefreut, aber mit dem Zeug in den Augen konnte ich nicht lesen, sondern stolperte nur halb blind durch das Haus. Dann war endlich die Untersuchung – und der Arzt diagnostizierte tatsächlich einen Sehfehler.

Kurz und gut, das ganze Unternehmen lief auf einen zweiten Flop hinaus, nämlich dass es mir gar nichts einbrachte, außer einer Brille mit Kassengestell. Die wollte ich natürlich unter keinen Umständen aufsetzen, und sie ging unter mysteriösen Umständen dann gleich zu Bruch.

Mittlerweile wurde die Enge in Sendling mir auch körperlich unerträglich. Wenn ich nicht in die Lehre ging, saß ich zu Hause, starrte aus dem Fenster und dachte nur: »Es passiert einfach nix, und es wird nie was passieren.«

Diese grauen Sonntage, wo alles so tot schien, wo sich nicht einmal ein Blatt am Baum regte, die sind mir für immer ins Gedächtnis gebrannt. Ich habe mir schließlich sogar gewünscht, ein Flugzeug solle in unserer Gegend abstürzen, damit überhaupt mal ein bisschen Action in die Sache kommt.

Nur samstags gab es einen Lichtblick. Da war *Beat Club,* mit Deutschlands erstem hipperen Moderator Michael Leckebusch. Signale von einem anderen Planeten – und ich habe gebannt auf den Bildschirm gestarrt und versucht, nicht zu blinzeln, damit mir nicht ein Sekundenbruchteil davon entgeht.

Aber nach einer halben Stunde verschwanden die Außerirdischen wieder auf ihrem Stroboskopstrahl, und alles sank zurück ins Grau, als sei nichts gewesen. Ich habe mir gewünscht, der *Beat Club* solle nie aufhören.

Auf jeden Fall kriegte ich langsam mit, dass es da draußen noch eine andere Welt gab, eine, die viel interessanter war als die Lehre und mein ewiger Totensonntag. Aber es schien wie verhext. Ich kam aus meinem Viereck nicht raus, saß dort eingemauert wie im Gefängnis. Ich habe mir überlegt, meinen Zeigefinger in eine Flasche zu stecken und mit der Flasche auf den Tisch zu hauen, sodass der Finger bricht, damit ich wenigstens am nächsten Montag nicht in die Lehre musste. Aber das hab ich mich dann doch nicht getraut.

Das Einzige, was mich über Wasser hielt, war die Musik. Mit der konnte ich in Fantasiewelten abfliegen und träumen – die Jungs, die Musiker, die haben sich wenigstens was getraut, die waren nicht viel älter als ich und trugen die gleichen Kleider. Bei denen fand das wirkliche Leben statt, und doch war deren Welt für mich unerreichbar.

Dazu setzte die Pubertät ein.

Als ich meine erste Periode bekam, da hatte ich nur gemischte Gefühle. Einerseits war ich stolz, andererseits war es auch ein Horror, so zu bluten. Ich hab mich kaum getraut zu gehen. Meine Mama war natürlich total präpariert – die hatte schon alles zur Operation bereitliegen: Gürtel und Binden. Ich war noch Jungfrau, deshalb durfte ich keinen Tampon benutzen, sondern musste so einen widerlichen Textilgürtel unter den Kleidern tragen. Fleischfarben-rosa, fast wie ein Keuschheitsgürtel, oder so ein orthopädisches Hilfsmittel aus der Drogerie mit Hakeln. Der absolute Inbegriff von unsexy.

Durch solche Sachen kamen dann auch komische Gefühle über den eigenen Körper zustande, und die ganze Menstruation wirkte plötzlich wie eine Krankheit. Außerdem war es unmöglich, den Gürtel unter einem engen Rock zu tragen. Aber ich habe mich über jeden Fortschritt in Richtung Erwachsenenwelt gefreut.

Meine ersten sexuellen Erfahrungen machte ich, als ich noch ein Kind war und gar nicht genau wusste, was ich tat. Eines Abends stellte ich fest, dass, wenn ich im Bett auf'm Bauch lag und so mit'm Arsch hin- und herwackelte, es mir plötzlich fürchterlich heiß wurde und ich ein ganz tolles Gefühl dabei bekam – so wie ich mir das Fliegen vorstellte.

Als ich das einmal raushatte, da war ich dem Gefühl verfallen. Dieses Leichte, Freie, das Schwerelose und Unbeschwerte, das du auch beim Orgasmus hast, der Moment, in dem irgendwie alles stimmt, das ist das schönste der Gefühle. Ich denke, wir sind auf der Erde, um zu lieben. Darum gibt es Mann und Frau. In einer anderen Dimension gibt es diese beiden Pole vielleicht nicht mehr, da sind sie verschmolzen. Aber wir sind eben erst auf dem Weg dahin.

Männer waren schon früh das Aufregendste für mich – dieses Vibrieren in der Luft. Das war der totale Thrill, wenn die hinzukamen und ich von ihnen beachtet wurde. Männer versprachen Abenteuer, die Möglichkeit rauszukommen, die Welt zu erobern. Allein hätte ich mich das nicht getraut, aber wenn ein Mann dabei war, schon. Damals wurde alles Interessante von Männern gemacht. Frauen waren bloßer Zierrat, der nie wirklich was Eigenständiges zustande brachte.

●

Meine ersten Männer waren Kopien meines Vaters. Blauäugige und blonde Typen. Wenn ich nur sein

Rasierwasser, *Aqua Velva,* an anderen Männern gerochen habe, dann wurde ich schon schwach.

Meine Devise hieß immer: »*I don't want your money, I want your honey.*« Deshalb wollte ich auch nie einen Doktor oder einen Anwalt als Mann. Für mich kam nur ein wilder Mann infrage.

Damals stand ich auf Eberhard, einen ganz schlanken Typen aus der Nachbarschaft mit braunen, schon etwas längeren lockigen Haaren, den wollt ich so gern, und von dem hab ich nachts geträumt. Aber er sagte, mit einer Jungfrau käme ihm nichts in die Tüte.

Hhmm, hab ich mir dann gedacht, das ist also eigentlich was Schlechtes, so 'ne Jungfrau zu sein. Geradezu was Lästiges.

Das brauchte ich nicht auch noch. Also beschloss ich kurzerhand, mich von irgendjemandem entjungfern zu lassen. In der Zeit der Pubertät stand ja jeder auf jeden. Die Hormone waren am Toben, und sowieso wusste eigentlich keiner genau, was er wollte.

Ich ging dann mit einem Jungen nach Hause, an dessen Namen ich mich nicht mehr erinnern kann, und hatte fast die ganze Zeit ein schlechtes Gewissen. Denn eigentlich hatte ich meinem Onkel versprochen, dass ich mich nur ganz stilecht entjungfern lassen würde, im wunderschönen Bauernbett, mit Kerzenlicht oder im Mondschein. Doch damals war ich halt in einem Alter, wo man sich schon von den gut gemeinten Versprechen entfernte, und die Wirklichkeit sah fast immer anders aus.

Ich war siebzehn, und eigentlich war die ganze Angelegenheit ziemlich brutal. Wir saßen erst in seinem Zimmer auf dem Jugendbett mit der orangefarbenen Bettwäsche und den braunen Blumenmustern und tranken was, dann legte er Musik auf. Wir redeten nicht darüber, was da lief. Er ging einfach ran.

Ich wusste nichts über meinen Körper, und als er fertig geschnauft hatte, dachte ich: Um Gottes willen, was ist denn jetzt los?

Mit einem Mal war alles nass.

Ich blutete! Ich bin gleich ins Bad gefetzt. Ich hatte gar nicht gemerkt, dass der sich da schon ergossen hatte, und dann der Horror, schwanger zu werden. Mir kam plötzlich alles so fremd vor, und ich bin dann auch gleich danach gegangen.

Aber Eberhard war leider trotzdem nicht an mir interessiert.

Da lernte ich dann schließlich Eddy kennen, der war in der gleichen Clique wie eine von meinen Kolleginnen.

Eddy hatte ein bisschen ein römisches Profil, und ich stand auf sein Profil und seinen Namen. Eddy war sehr männlich, sehr italienisch und ein paar Jahre älter als ich. Von Beruf war er auch Dekorateur, der aber von Gelegenheitsjobs lebte. In Eddy hab ich mich in kürzester Zeit richtig verliebt – ein total wilder, starker Typ. Grausam, wie ich auf den abgefahren bin.

Mit Eddy kam der Sex zum ersten Mal richtig gut, und wir haben gemeinsam begonnen, zu experimentieren und alles auszuprobieren, was uns in den Sinn kam. Sonst machte man ja nur so im Dunkel unter der Bettdecke rum, aber wir haben uns zum ersten Mal richtig angeschaut und bewusst angefasst. Er hat mir gezeigt, wie man einen Schwanz anfasst, sodass es Spaß macht, und wie man die Hand bewegt, sodass es guttut. Wir haben schon verschiedene Objekte benutzt und auch oralen Sex gemacht.

Eddy kam dann nachts mit der Leiter durch mein Fenster in mein kleines Kinderzimmer mit dem riesigen Teddybären, der fast so groß wie ein Mensch war und mit dem ich jede Nacht geschlafen habe, eben weil er so groß wie ein Mensch war.

Meine Mama ging morgens arbeiten, und ich musste ein bisschen später aus dem Haus als sie, und Eddy steckte manchmal noch bei mir unter der Decke, wenn sie morgens an die Tür klopfte.

»Ursel, aufstehen.«

»Jaaaa.«

Dann verschwand sie zur Arbeit. Wenn sie sich ein einziges Mal umgedreht hätte, dann hätte sie die Leiter da stehen sehen. Das war jeden Morgen tödliche Aufregung.

Ich glaube, man kann sagen, dass ich Eddy hörig war, und bald stellte sich raus, dass er ein absoluter Machotyp war, der mich dauernd betrog und leiden ließ. An den Wochenenden bin ich zigmal zur Telefonzelle an der Ecke gelaufen, um ihn zu erreichen, und dann heulend zurück, wenn er wieder nicht da war. Meine Mama merkte das natürlich. »Wenn du ein anständiges Mädchen wärst, dann würdest du dir so was nicht gefallen lassen.« Und irgendwie hatte sie ja auch recht. Aber wenn Eddy dann kam und wir miteinander schliefen, habe ich ihm immer wieder verziehen. Ich war eben kein anständiges Mädchen und pickte lieber die paar Brosamen auf, als gar nichts von Eddy zu haben.

Einmal hatten wir Sex im Vorraum der Kirche am Sendlinger-Tor-Platz, das war aufregend, das fanden wir toll und rebellisch – gegen die Kirche.

Eddy nahm mich das erste Mal mit in eine Bar, zum *Whiskey-Sour*-Trinken, aber als wir nach Hause kamen, waren wir zu betrunken, um über die Leiter in mein Zimmer zu klettern, da haben wir's dann in seiner *Isetta* gemacht, einem winzigen Dreirad-Auto, das die Tür vorne hatte. Ein anderes Mal sind wir runter an die Isar, und da haben wir uns auf einer Mauer geliebt, und ich habe mir dabei den ganzen Rücken aufgeschürft. Ich war völlig roh. Am Abend in der Küche, wo wir uns am Ausguss gewaschen haben, fiel das meiner Mutter natürlich sofort auf.

»Ja, woher kommt denn das?«, fragte sie.

»Ich bin die Treppe runtergefallen.«

Danach habe ich immer wenigstens eine Decke druntergelegt, wenn es auf einer Rohputzmauer sein musste.

Dieses Doppelleben wurde zum totalen Stress, denn ich musste ja alles geheim halten. Damals wusch meine Mutter noch meine Wäsche, und wenn man mit dem Sex gerade anfängt, blutet man noch, bis sich das alles richtig eingespielt hat. So musste ich immer meine Wäsche verstecken und sie dann selber waschen, damit sie das nicht sah.

Mein Vater hat mir allerdings bei der Entwicklung meines Geheimlebens geholfen, das habe ich ihm hoch angerechnet. Er behandelte mich schon mit dreizehn wie eine erwachsene Frau und bot mir Wein und Whisky an. Eddy kannte die Clique um meinen Vater, und mein Vater hat mich gegenüber der Mama gedeckt und behauptet, dass ich die Nacht bei ihm verbracht hätte, wenn ich mal mit Eddy zusammen war.

Auf die Dauer wurde es dann allerdings immer unerträglicher mit Eddy, denn er hat mich wirklich in einem fort betrogen, und ich habe zu Hause gesessen und auf ihn gewartet. Samstags und sonntags.

Dann fing ich an, am Wochenende billige Heftchen zu lesen und Schund zu essen, um mich über die Runden zu retten, und unter der Woche musste ich wieder im Betrieb arbeiten. Ich hab gelitten wie ein Schwein. Das tut dem Ego nicht gerade gut. Da habe ich schon wieder gedacht: »Ich will nicht mehr lieben.« Aber das habe ich nicht durchgehalten. Im Gegenteil.

Als meine Mama ihren neuen Ehemann kennenlernte, da habe ich ihn nicht gemocht. Der war in meinen Augen ein richtiger Bauer, so primitiv hat er dahergeredet. Er war Schreiner von Beruf. Ich hatte auf keinen Fall gewollt, dass meine Mutter den heiratet.

Je älter ich wurde, desto strenger wurden natürlich meine Eltern, denn die ahnten schon, dass da nicht mehr viel mit rechten Dingen zuging. Die Abneigung gegen meinen Stiefvater wuchs durch diese Streits immer weiter. Der ganze Laden war mir einfach zu spießig; er versuchte dauernd, mich in meiner Freiheit zu beschneiden, etwas, worauf ich bis heute total allergisch reagiere.

Jeden Abend im Wohnzimmer ging es um Jungen, um die Ausgangssperre, um zu kurze Röcke – denen hat nix gepasst, was ich gemacht hab, und es gab knüppelharte Auseinandersetzungen.

Aber ich habe dann schon Schwächen bei meinem Stiefvater erkannt und angefangen, da gnadenlos nachzugraben: »Ist ja nicht auszuhalten mit dir!«, hab ich geschrien und ihm meinen echten Vater als strahlend schönen Mann dargestellt. Dagegen schnitt er natürlich jämmerlich ab, das hat er selbst gemerkt. Ich war so ekelhaft, dass auch meine Mama das nicht länger ausgehalten hat – kein Wunder, dass mich meine Männer immer Hexe oder Monster genannt haben.

Als Eddy und ich dann regelmäßig rumgemacht haben, sind die beiden mir wirklich auf die Nerven gegangen, die wollte ich weghaben. Schließlich habe ich die ganze Geschichte so hingespitzt, dass meine Mutter und mein Stiefvater aus dem Haus ausgezogen sind. Als mein richtiger Vater sich von meiner Mutter hatte scheiden lassen, hatten sie mir nämlich ihre Hälfte vom Haus überschrieben, und jetzt wohnte ich auf einmal allein über meiner Tante und meinem Onkel. Da war ich siebzehn, und endlich hatte ich sturmfreie Bude.

Aber Eddy habe ich trotzdem nicht öfter gesehen, weil der anfing, mit einer anderen auszugehen. Nach Eddy stand für mich jedenfalls fest: Das war das letzte Mal. Das passiert dir nie mehr. Von jetzt an bist *du* diejenige, die die Herzen bricht.

Ich wollte nie wieder bloß ein Anhängsel von Männern sein. Ich wollte kein Vielleicht oder nur eine halbe Entscheidung. Von nun an sollten sich die Männer für mich was einfallen lassen. Ich bin ihnen nie mehr

hinterhergelaufen und habe ihnen auch nicht hinter-
hertelefoniert.

Und so gequält hat mich tatsächlich fast keiner
mehr.

Ungefähr um die Zeit begann ich damit, jede Nacht
nach Schwabing auf die Leopoldstraße zu fahren und
ins *Big Apple* zu gehen.

The Sky is High (and so am I)

Das *Big Apple* war ein Kellerlokal mit großer Tanzfläche, und es war gerade *Woolly Bully* von Sam The Sham and Pharaos rausgekommen, und das spielten sie da den ganzen Abend. Wir sind total ausgerastet. Die Leute haben so wahnsinnig toll getanzt. Gruppentänze. Alle in einer Reihe – Madison – mit synchronen Bewegungen. Ich hatte so was bisher nur im Fernsehen gesehen. Ein Mädchen imponierte mir besonders, wie die tanzte und sich ungeniert

3

auf der Tanzfläche bewegte und so gekonnt mit dem Po wackelte – die ganzen Männer starrten sie an und sprachen darüber, wie geil sie mit ihrem Arsch wackelte. Für mich stand fest: So wollte ich auch tanzen. Die Aufmerksamkeit würde ich mir auch holen. Von da an hab ich jeden Tag zu Hause vor dem Spiegel geübt. *Shake your hips.* Und ich bin ziemlich schnell sehr gut geworden. Am Sonntag drauf war dann im *Big Apple* Tanzwettbewerb. Es war Faschingszeit, und ich trat in kurzen Shorts und mit Revolvergürtel inklusive Colts und hohen Stiefeln dort auf. Alle drehten sich nach mir um, und ich bin gleich zur Tanzfläche durch und hab meine neuen Kenntnisse vorgestellt. Von dem Abend an gehörte die Whiskeyflasche, die jeden Sonntag per Publikumsabstimmung vergeben wurde, mir. Vier Wochen in einer Reihe war ich Sieger – so lange, bis sie mich schließlich von der Teilnahme ausgeschlossen und mir die Flasche einfach geschenkt haben. Das hat mich stolz gemacht. Endlich war ich der Sieger! Wenn über die Lautsprecheranlage »Mausi« ausgerufen wurde, musste ich jedes Mal hinter den Lautsprecherboxen in Deckung gehen. Das war das Zeichen, dass die Jugendbehörde im Anmarsch war. Den Whiskey haben ich und meine Clique dann ausgetrunken. Ich war stolz darauf, die Flasche zum Wohlergehen der Gruppe beisteuern zu können. Die meisten von uns hatten ja nicht einmal genug, um sich ein Glas zu leisten. Ich hätte allerdings am liebsten meine Limonade weitergetrunken – wenn ich damit in einen anderen Zustand gelangt wäre. Wenn es keinen Whiskey gab, mischten wir die billige gelbe Limonade mit Korn. Da merkt man nicht, dass man Alkohol trinkt, aber man wird blau. Das war genau das Richtige. Blau wollten wir sein, da verschwammen die Konturen, das war einfacher zum Rummachen, zum Tanzen, da ging die Post ab. Aber mir ist das Zeug leider nicht bekommen. Mann, o Mann, was bin ich nach diesen Besäufnissen nachts aufgewacht und hab mir literweise eiskalte Milch in den Magen gegossen. Aaah! Da ging's mir noch schlechter. Aber ich war wild darauf, mit dem Kopf woanders zu sein. Dann brachte jemand aus der Clique kleine Glasröhrchen mit, die in weiße Stoffbandagen gehüllt waren und die man in der Mitte durchbrach, um sie sich dann unter die Nase zu halten. Amylnitrate – da flog einem das Hirn weg. Wir standen zu zweit im Klohäuschen im *Big Apple* und schnieften an diesen Dingern, bis wir taumelten. Dann ging's wieder raus auf die Tanzfläche. Uns war alles recht, um mit dem Kopf in den Wolken zu sein oder uns ganz auszuklinken, und einmal bin ich stangengrade auf der Tanzfläche umgefallen. Aber da gehörte ich schon zum Stammpublikum.

Unsere Clique bestand aus Bobby, Biggy, einer Krankenschwester, die Zugang zum Giftschrank hatte und uns mit Medikamenten versorgte, Renate Zimmermann und Margot. Die haben nicht gearbeitet, höchstens beim Oktoberfest kurz als Aushilfe. Frankie, ein Tunichtgut, der einen lässigen *Madison* tanzen konnte und guten Soul, meistens zu Aretha Franklin und Sam The Shams *Little Red Riding Hood*. Dann Jürgen, der DJ, und meine Freundin Christine. Wir trafen uns auch tagsüber, sind an den Wochenenden ins Ungererbad zum Schwimmen gegangen und in die Eisdielen auf der Leopoldstraße.

Im *Big Apple* haben wir immer die besten Plätze gehabt und auch keinen Eintritt mehr bezahlt, als die Bands auftraten. Und das *Big Apple* hatte die besten Bands. Dort spielten sie alle: The Kinks, die Lords, die Liverbyrds, Goldi and the Gingerbreads und sogar Jimi Hendrix, noch bevor er *Hey Joe* raus hatte.

Wenn ich einen Abend nicht im *Big Apple* war, dachte ich, ich hätte den Lauf der Welt verpasst oder die Welt mich für immer vergessen. Ich habe keines von den Konzerten ausgelassen.

Musik bekam für mich immer mehr eine Art von mythischer Bedeutung. In ihr drückte sich alles aus, was ich fühlte, aber nicht in Worte fassen konnte. Für mich war sie der Ausdruck eines universellen Verstehens, und das ist sie auch mein ganzes Leben geblieben.

Da ich selbst nicht musikalisch war, wollte ich das Nächstliegende, und das schien mir der Sex mit den

Musikern. Ich und meine Freundinnen haben uns jeden Abend direkt vor der Bühne in Positur an einen der Tische gesetzt oder beim Tanzen den Hintern so hin und her geschwenkt, dass die Musiker auf uns aufmerksam werden mussten. Das hat immer gewirkt. Über Augenkontakt lief dann schon die Anmache, die später hinter der Bühne fortgesetzt wurde. Sexuell war das meine Sturm-und-Drang-Zeit, und ich habe mit ziemlich vielen Musikern geschlafen. Sie wirkten nicht nur von Weitem wie das Wildeste und Freieste, was es in Sachen Sex aufzutreiben gab.

Besonders im *PN,* so hieß der Laden neben dem *Big Apple,* lief die Sache, weil es dort einen abschließbaren Raum hinter der Bühne gab, und aus irgendeinem Grund stand ich auf Schlagzeuger. Ich fand es ungeheuer sexuell, wie sich deren Schenkel bewegten, wenn sie die Bassdrum bearbeiteten, und dachte mir dann, das sind bestimmt gute Lover. Als Ersten lernte ich Dickie Tarrach kennen, den Drummer von den Rattles. Mit dem ging ich auch zum ersten Mal in ein Hotel. Mit Band in Hotels zu sein und einen draufzumachen, das hat mir von Anfang an hervorragend gefallen. Weil es etwas Anrüchiges und Verbotenes hatte. Ich habe mein ganzes Leben lang einen Kick daraus gekriegt, Sachen zu machen, die verboten waren. Und einfach eine Nacht wegzubleiben war damals ein großer Schritt für mich. Gute Mädchen gingen ja nicht mit fremden

Männern in Hotels. Eine Brave hätte das nicht getan. Hotels galten als verrucht, und Sex in Hotelzimmern war etwas anderes als im Schlafzimmer. Außerdem konnte ich zu Hause nicht so laut rummachen, wie ich wollte. Da wohnte meine Tante drunter, die hatte sich schon immer beschwert, dass ich mit dem Eddy so rumgeschrien hatte. Sie hatte ihr Schlafzimmer genau unter meinem, und das hat sich in meiner Ekstase schon unangenehm bemerkbar gemacht.

Manchmal war es mit den Musikern allerdings auch total niederziehend. Besonders mit den Kinks. Da habe ich mich richtig benutzen lassen und kam mir hinterher auch richtig benutzt vor, wie ein alter Handschuh. Dave Davies, der Bruder von Ray, stellte sich als wirklich linker Vogel raus, der mich so richtig verzupfte. Bei allen anderen schwang immer noch etwas Romantisches mit, und ich habe sie auch alle gemocht. Bis auf den. Als der gerade so dabei war, klopfte der Besitzer vom *PN* an die Tür, und Dave sagte auf Englisch: »Komme gleich, Mann. Ich muss hier eben noch schnell die Braut fertig machen.« Bäh. Ein total schaler Geschmack. Die meisten Musiker waren nur One-Night-Stands. Mir hat's gefallen, dass die durchreisten und nicht blieben. Ich wollte nur den Spaß und keine großartigen Obligationen und Nervereien. Die Nächte so intensiv durchzufeiern und morgens zur Arbeit zu erscheinen, lief allerdings immer schlechter, und irgendwann brachte Margo ein Schlankheitsmittel mit, das wir als Aufputschmittel einnahmen. Captagon. Ich nahm die weißen Pillen bald schon zum Aufstehen und warf mittags eine nach. Und nachmittags noch eine zur Unterstützung. Spätnachmittags wieder zwei und zum Weggehen abends noch mal drei. Margo und Renate hatten ein Apartment in Schwabing in der Klopstockstraße, und wenn ich dort am Mittag von der Arbeit aus anrief, gähnten die noch in den Hörer und waren grad aufgestanden.

Ich war schon seit acht beim Arbeiten und hab nicht lange überlegt und die Lehre kurzerhand hingeschmissen, trotzdem weiter Captagon genommen und das Nachtleben bis zur Neige auslaufen lassen. Von jetzt an hieß es jede Nacht feiern bis zum Umfallen, und wenn ich umfiel, waren immer noch ein paar Captagon übrig, um wieder auf die Beine zu kommen.

Als ich eines Morgens nach Haus kam, hing der ganze Raum voller schwarzer Spinnweben. Von einer Wand zur anderen zogen sie sich durch den Raum, und zuerst dachte ich, die wisch ich einfach zur Seite und geh zu Bett. Aber es wurden mit jeder Bewegung mehr, bis ich vor Spinnweben kaum mehr atmen konnte und sich ein harter Druck auf meine Brust legte und ich merkte, dass die Dinger nur in meinem Kopf existierten, weil ich eine Überdosis Captagon eingeworfen hatte. Ich legte mich aufs Bett und baute mit zittrigen

Händen eine kleine Rolle. Nach ein paar Minuten fing der Shit an zu wirken, und ich konnte noch gerade den Arm vom Schallplattenspieler auflegen. Auf dem lag immerzu *Andy Warhol* von den Velvet Underground – ich bin noch nie zuvor so auf Musik abgefahren wie an dem Abend. Ich dachte, ich transzendiere jede Tonspur, jede Oktave, jeden Ton, bis ich schließlich einschlief. Von da an bin ich mit den Pillen ein bisschen vorsichtiger umgegangen. Ich merkte, dass mit dem Zeug nicht zu spaßen war.

Um diese Zeit hat mich ein Fotograf auf der Straße in Schwabing als Fotomodell entdeckt. Damals waren Papierkleider der letzte Schrei, und er machte Fotos mit mir in Papierkleidern. Das waren meine ersten professionellen Fotos. Von da an habe ich als Fotomodell gearbeitet, und ich wusste, dass ich endlich mein Ding gefunden hatte. Ich habe instinktiv sofort geschnallt, was die Fotografen von mir wollten, und der Stroboskopeffekt der Kamera lag mir viel mehr als die laufenden Bewegungen beim Film. Im normalen Leben war ich eher gehemmt. Vor der Fotolinse nicht. Da war ich Naturtalent. *Body language* war meine Sprache, und mir machte es Spaß, mit meinem Körper zu arbeiten, mich darin zu bewegen – das hat fast die Wirkung einer Droge. Ich habe Stunden damit verbracht, Posen von anderen Models wie Veruschka

Lehndorff zu studieren und meine eigenen Wohlta-
ten mit dem Körper auszudrücken. In der *Bravo* hatte
ich bald eine Doppelseite, »Schönheitstipps für junge
Mädchen«. Dort habe ich Joachim Hartmann kennengelernt, den einzigen Fotografen, der auch mein
Lover wurde. Ansonsten habe ich es mir zum Prinzip
gemacht, Arbeit und Liebe nicht zu vermischen – das
sind unterschiedliche Hygienen.

Im *Big Apple* lernte ich bald darauf Edzard kennen,
einen adeligen, etwa gleichaltrigen Deutschen, der in
einer besseren Clique war als ich. Als kleines Mädchen
aus der Vorstadt war ich nicht nur von seinem Namen
beeindruckt, sondern auch von seiner selbstsicheren
und weltgewandten Lebensart – außerdem hatte er ein
schönes Lachen. Edzard wollte Stierkämpfer werden
und ist es auch geworden. Er war vom gleichen Stamm
wie mein Vater, blauäugig und blond. Als er mich zum
ersten Mal in die riesige Nobelwohnung seiner Eltern
in der Maximilianstraße mitnahm, war ich schwer beeindruckt von dem Luxus und den Antiquitäten. Der
lebte wie in einem Schloss, das war noch einmal was
ganz anderes als der Obermaierklan, der trotz allem
Geld bürgerlich war. Edzard gehörte zu den oberen
Zehntausend von München, und mit ihm bin ich eines Tages wirklich los nach Spanien.

Dort war Stierkampfsaison, und wir sind in seinem weißen Käfer immer den Stierkämpfen hinter-

her. Seine Eltern hatten ein Häuschen in Marbella. Ich hatte gerade meinen zweiten Job gekündigt, und jetzt wollte ich *El Cordobez* kennenlernen. Das war *der* spanische Stierkämpfer. Wir fuhren in Spanien von Stadt zu Stadt und besuchten verschiedene Stierzuchten. In San Sebastian war Stierkampfwoche, und mir gefiel die ganze Atmosphäre, die staubigen Arenen, die bunten Farben und die halbschwul wirkenden Toreros in ihren Kostümen, die Pferde und die Frauen in ihren Logen, die die Ohren der toten Stiere bekamen. Der Tod der Stiere, das blutige Schnauben und der Tanz des Toreros hatten was Dumpf-Geiles, und wenn die Frauen den Kampf gut fanden, holten sie ihre Tücher hervor und gaben dem Torero Zeichen.

Edzard und ich übernachteten am Strand, manchmal auch in kleinen Hotels.

Langsam kam ich drauf, dass der Edzard nicht gerade ein Durchschnittsbürger war, was sein *Sexlife* anging. Bei dem lief es mit dem Sex nicht gut. Obwohl er noch jung war, hatte er Probleme.

Als wir einmal in einem Hotel in einer spanischen Kleinstadt übernachteten, bin ich plötzlich aus dem Schlaf hoch, wie von der Tarantel gestochen, weil mich irgendetwas total irritierte. Ich bewegte mich wie unter Wasser und war unfähig aufzustehen. Da wurde mir klar, dass Edzard mir mit dem Wein oder beim Abendessen ein starkes Schlafmittel gegeben haben musste und ich gerade noch rechtzeitig aufgewacht war, bevor ein total Fremder, so ein Untertorero, anfing, mich von hinten zu rammeln. Ich rastete total aus. Der Edzard hatte mich regelrecht verschachert.

Ich wurde so sauer, dass ich sie beide rausgeschmissen und mich im Zimmer eingesperrt habe. Edzard fing vor der Tür an zu flehen, ihn wieder reinzulassen. Aber ich bin irgendwann einfach weggelaufen, weil ich ihn überhaupt nicht mehr ausgehalten habe, und bin auf eigene Faust nach München zurückgetrampt. Bis heute bin ich überzeugt, dass er mir auch noch meine letzten 50 Mark aus den Jeans geklaut hat.

In der *Münchner Abendzeitung* gab es zu der Zeit einen Comic, das *Schwabinchen,* ein hippes Mädchen mit tollen, dunklen langen Haaren. Existenzialistin. Und die *Abendzeitung* schrieb zum ersten Mal die Schwabinchen-Wahl aus. Meine Freundin Christine schickte ein Bild von mir ein, weil ich mich nicht traute. Das Bild gelangte in die Endauswahl, und ich durfte mir in einer Boutique zwei Sachen auswählen – ein *Paco-Rabanne*-Kleid, so einen Panzer mit kleinen Plastikplättchen, die mit Ketten verbunden waren, und dazu weiße Strümpfe und klobige Schuhe. Ich sah derartig grotesk aus, dass ich nicht verstehen konnte, wie ich überhaupt Zweite wurde – aber damals dachte ich natürlich, ich sei *hot shit.* Das war im Mai 1967. Als

Preis gab es eine Reise nach Italien. Als ich in Norditalien in dem Hotel ankam, das den Preis gestiftet hatte, war ich so kaputt von den Unmengen Captagon, dass ich die ganze Woche nur auf meinem Zimmer lag und schlief. Der deutsche Hotelbesitzer hatte sich von Schwabinchen Nummer zwei ein bisschen Highlife und vor allem Werbung für sein Hotel versprochen, aber ich habe meine Nase kein einziges Mal vor die Tür gesteckt. Ich hatte beschlossen, meine Captagon-Entziehungskur dort zu machen, weil ich in der Szene in Schwabing Schwierigkeiten damit gehabt hätte.

Nach meiner Rückkehr zog ich endgültig in die Stadt zu den Mädels. Jede Nacht mit dem Taxi zurück nach Sendling wurde zu teuer, und ich war immer noch jede Nacht unterwegs. In der neuen Wohnung hatte ich endlich mein erstes eigenes Bad, und mein Traum vom Telefonieren in der Badewanne ging in Erfüllung. Von meinem Vater habe ich die Möbel bekommen. Bauernmöbel. Viel zu groß und klobig für die Wohnung, aber wir hatten's gern bayrisch und vom Geschmack her auch gutbürgerlich. In der Klopstockstraße bin ich auch zum ersten Mal mit LSD in Berührung gekommen. Ein Zuckerstückchen, eigentlich nur ein Viertel davon, das ich mit meinen Freundinnen und Bobby und Helge von Amon Düül eines Nachmittags einwarf. Wenn ich den hysterischen Zeitungsberichten glauben konnte, dann würden jetzt mindestens die Wände einstürzen oder tolle Filme an den Wänden erscheinen. Jedenfalls hatte ich maßlose Erwartungen, die enttäuscht wurden – ja, eigentlich war ich eher enttäuscht. Aber wir haben höllisch lachen müssen über die endlosen Gänge in dem Neubau in der Klopstockstraße. Die schienen überhaupt nicht mehr enden zu wollen und kamen uns plötzlich vor wie die Erfindung eines Irren. Wir fühlten uns wie Bewohner eines Höhlenlabyrinths, und die anderen Leute streckten vorsichtig ihre ängstlichen Gesichter durch die Türen, um zu prüfen, wer da lachte. Sie zischten und raunten: »Ruhe da! Was fällt Ihnen ein? Eine Unverschämtheit!«, gedehnt und verzerrt mit langen Nasen und tief liegenden Augen, wie Insekten und Reptilien. Ich kriegte sofort einen Lachkoller, und wir liefen dann nach draußen auf die Wiese. Die Höhlenbewohner stellten sich ihrerseits an die Fenster und schauten zu, wie wir uns im Gras wälzten.

Das Zeug hörte überhaupt nicht wieder auf. Einzelne Dinge wurden so schön, dass ich sie fast nicht mehr aushalten konnte. Wie die Velvet-Underground-Platte. Die einzelnen Instrumente und Spuren traten hervor, und die Musik mutierte mit jeder Sekunde zu etwas vorher Unbekanntem. Ich hatte nie etwas Derartiges gehört und bin innerlich dahingeschmolzen. Ich dachte, eine neue Welt, eine neue Zeit würde anbrechen, bis jemand auf die geniale Idee verfiel, den Teppichboden als Unterlage für ein Lagerfeuer zu verwenden.

Phallus Dei

4

Kurz darauf traf ich Neil von der englischen Band The Flower Pot Men. Ich wusste damals nicht, dass die Gruppe eigentlich eine Retortenband der Musikindustrie war, die man aus Studiomusikern zusammengestellt hatte – die meisten Bandmitglieder hatten nicht einmal Zeit gehabt, ihr Haar auf Kragenlänge zu bringen, bevor ihr erster Song *Let's Go To San Francisco* in den Hitlisten auftauchte. Der Insiderwitz bestand im Pot, das natürlich nicht Topf hieß, sondern *»pot«*. Hasch. Total hip – dachten die.

Neil verliebte sich auf den ersten Blick grausam in mich, schickte mir Telegramme und lud mich schließlich ein, mit ihm auf Tour zu gehen. Irgendwann kam sogar ein Flugticket nach London, und da habe ich ihn besucht.

Swinging London war wirklich wahnsinnig – die ganzen Straßen voller Leute, die völlig verrückt angezogen waren, alle erschienen so kreativ, und die Szene quoll über vor seltsamen Figuren und bizarrsten Persönlichkeiten. London war damals definitiv der Ort, an dem alle Straßen zusammenliefen.

In jedem Laden spielte Musik, und zum ersten Mal war es unsere Musik. London gehörte der Jugend – zumindest *Kings Road*. Da war etwas ganz Neues in der Luft, etwas, das niemand kannte, das keine Wurzeln in der Vergangenheit zu haben schien. Wie die psychedelische Musik, die frühen Pink Floyd mit Syd Barrett. Das war kein Vergleich zu Deutschland mehr, wo ich in der Straßenbahn beschimpft wurde von Frauen, die ausrasteten, weil ich einen Minirock anhatte.

»Ja schamst du dich den gar nicht! Du Hure!«

»Was willst'n du, alte Gurke?«, habe ich dann meistens gesagt, und natürlich waren es immer die Frauen, die da rumtobten.

Einmal haben Neil und ich den Rolls-Royce von John Lennon gesehen und zugeschaut, wie der in einem Club verschwunden ist – dem legendären *Tramps*.

Wir hätten auch hingehen können, aber Neil wollte nicht, weil er eifersüchtig war und ihn niemand eingeladen hatte. Da merkte ich schon, dass das mit meinem Blumentopfmann nicht ganz so beeindruckend werden würde, wie ich es mir vorgestellt hatte.

Aber Neil war immerhin der Freund von Noel Redding, dem Bassisten von Jimi Hendrix, und mit dem zog er zusammen in ein wunderschönes Haus, und dort hab ich dann mein erstes richtiges *Acid* genommen: *California Sunshine.* Das galt damals als das beste *Acid* der Welt und war berühmt für seine Stärke und die Klarheit seiner Halluzinationen. Hendrix und seine Leute hatten es aus den USA mitgebracht.

Neil und ich hatten das Haus von Jimi Hendrix für uns, weil Hendrix auf Tour war.

Am Anfang dachte ich, das Zeug taugt nix, weil eine Ewigkeit nichts passierte. Dann musste ich aufs Klo, und beim Pinkeln ging plötzlich die Sonne auf! Aber total! Die kleine Toilette hat derartig zu strahlen angefangen, dass ich dort schon mal eine halbe Stunde hängen blieb. Neil war unterdessen im Wohnzimmer auch draufgekommen, und nun merkten wir, dass das Zeug geradezu atemberaubend stark war. Die Realität kam und ging in Wellen, dann haben die Wände angefangen zu atmen und sich zu verbiegen, und von dort ging es zum ersten Mal an Plätze, von denen wir nur geahnt hatten, dass sie existieren könnten.

In Neils Schlafzimmer hatten wir plötzlich einen Topf Farbe und fingen an, Wellen an die Wände zu malen – ein totaler Ozean in seinem Zimmer, das dachten wir zumindest. Der schönste Ozean, rauschend, duftend, eine Welle nach der anderen, sich an seinen Wänden brechend.

Wir badeten stundenlang in diesem Meer. Schließlich war der Topf leer und die Wände bemalt, alles über und über bekleckert. Als wir's dann am nächsten Tag sahen, wirkte es leider nicht mehr so geglückt. In Wirklichkeit haben wir die ganze Einrichtung versaut.

Trotzdem war es der schönste Trip, den ich je hatte, und eine totale Offenbarung, auch was die Musik anging. Diesmal von der Westcoast mit dem Album *Notorious Byrd Brothers* von den Byrds.

Tausende von Dingen passierten gleichzeitig, und ich fand nicht mehr die Sprache, um auch noch darüber zu reden. Am liebsten hätte ich mich in Tierlauten ausgedrückt. Das sagt's ja eh. Aber Neil wurde mir auf dem Trip total fremd.

Wer is'n der Knacker überhaupt?, dachte ich, wenn meine Gedanken es erlaubten.

Neil war wirklich ein rasend eifersüchtiger und irgendwie mickriger Typ, und was unsere Beziehung schließlich beendete, waren seine kleinen Intrigen und seine Missgunst. Alles, was mir Spaß machte, ging ihm gegen den Strich.

Als wir eines Abends ausgingen, interessierte sich David Bailey für mich, der Star-Modefotograf, der Jean Shrimpton und Twiggy rausgebracht hatte. Er war der hippste Fotograf seiner Zeit und sprach mich einfach in einem Lokal an.

Natürlich gab ich ihm sofort meine Nummer. Aber als er am nächsten Tag anrief, hat Neil mir nichts davon gesagt. Das war für mich der ausschlaggebende Grund, ihn Knall auf Fall zu verlassen.

In der *Sun* haben die Flower Pot Men dann als Werbegag noch eine Verlobungsanzeige mit Foto aufgegeben – »*Flower Pot Man heiratet deutsches Fotomodell*«. Die Meldung erschien auch in Deutschland, als ich zurückkam.

Aus London brachte ich schöne Seidentücher mit Fransen zurück nach München, und das ganze Bauernglump flog mit einem Satz aus meiner Wohnung. Auf den Boden kam eine Matratze, eine Decke drüber, Tücher an die Wand und übers Bett und als Tische Kisten.

Jetzt wurde es auch in Deutschland hip, und in der Akademie der Künste in München fand bald darauf das erste Pop-Art-Fest statt.

Ein Happening unter freiem Himmel, mit Schaumskulpturen, durch die man durchwatete, und dazu die Musik von Amon Düül, die mich als erste deutsche

Band total umgehauen haben. Ich konnte es nicht fassen, dass eine Band aus Deutschland so abgefahren war. Die waren so gut wie die Amis und die Engländer. Total psychedelisch, mit zwei Schlagzeugern haben die mich gepackt.

Ich habe Helge gleich nach dem Auftritt hinter der Bühne besucht und dabei auch die anderen Gruppenmitglieder kennengelernt. Peter, der Schlagzeuger, besuchte mich kurze Zeit später in München und erzählte mir von der Kommune, in der sie wohnten. Dass dort einer für den anderen da sei, alle Geld in eine Kasse zum Essenkaufen legten und sie wie eine Familie füreinander sorgten. Ich konnte gar nicht genug davon hören – eine Familie, die man sich selber suchte, das kam mir wie der Idealfall vor.

Innerhalb kürzester Zeit schien mir die Badewanne mit dem Telefon nicht mehr ganz so begehrenswert, und ich wollte auch in einer Kommune leben. Und nach drei Monaten Klopstockstraße zog ich schließlich zu Amon Düül in ein Landhaus in der Nähe von München.

Dort wurde ich sofort mit offenen Armen aufgenommen. Kinder und Hunde kamen mir entgegen, und eine Frau in Unterhose und kurzem T-Shirt – Angelika, die Frau von Helge – öffnete mir die Tür. Das war damals ausgesprochen cool und emanzipiert – in

Unterhosen nicht nur herumzulaufen, sondern sogar Fremden darin die Tür aufzumachen.

Die meisten im Landhaus hatten ziemlich lose moralische Vorstellungen, und Helge und ich zogen irgendwann in sein Zimmer ab.

Da war alles dunkel, und wir legten uns aufs Bett und machten rum, und plötzlich kriegte ich einen Schubs von der Seite. Angelika lag schon im Bett.

»Könnt ihr das nicht woanders machen?«, fragte sie, obwohl sie mit Helge verheiratet war. Aber sie wollte einfach nicht gestört werden und hatte auch einen Lover.

In der Kommune gingen von morgens bis abends die Joints rum, und es wurde Musik gemacht. Totalchaos. Jeder hat auf allem rumgeschlagen. Ich konnte nichts spielen außer Maracas, die dafür aber laut und reichlich.

Nebenbei arbeitete ich noch als Fotomodell weiter und war stolz, wenn ich da etwas für die Gemeinschaftskasse anbrachte.

Die Musik in England und Amerika bewegte sich aus der Beat- und Flower-Power-Phase und wurde immer exquisiter und auch militanter. Wir haben viel Love gehört und Dr. John und auch MC5 »Kick Out The Jams! Motherfuckers!« und Blue Cheer.

Nach einem gemeinsamen Auftritt in Ulm schmissen wir einen Trip, und da hörte ich zum ersten Mal

Janis Joplin & Big Brothers and the Holding Company. Joplin klang in meinen Ohren wie eine kreischende Katze, und ich und Angelika tanzten durch die Ulmer Kellerbar, zwischen unseren Händen deutlich sichtbare Energiestrahlen bewundernd, die aus meinen Fingern in ihre übergingen.

Später am Abend und zurück im alten Postbus, in dem wir die Instrumente verstauten, legten wir uns auf die Matratzen, aber der Trip wirkte immer noch. Der Wagen fuhr durch die Nacht, und irgendwer machte Liebe. Da erschien mir plötzlich eine Tunnelvision, ein starkes eindringliches Bild von einem dunklen Tunnel, an dessen Ende Licht schien, Licht, das ich erreichen wollte. Und für eine ganze Zeit war ich trotz der vielen Leute um mich herum allein in diesem Tunnel und allein vor dem Licht, bis mir bewusst wurde, dass ich ein Nahtoderlebnis hatte. Dann sagte Helge irgendetwas in mein Ohr, und ich merkte, wie ich wieder rumkam.

Auf der Suche nach einer Party rasten wir immer noch auf Trip und in halsbrecherischem Tempo mit diesem Riesenbus herum, der obendrein nur ein kleines Fenster in der Hintertür hatte, über das Kopfsteinpflaster, das jetzt wirkte wie kleine Berge, mit denen sie die schmalen Straßen gepflastert hatten. Ich wurde total paranoid, weil der Bus mit jedem Meter, den wir uns durch die dunklen Straßen schoben, in die Höhe und Breite zu wachsen schien und es so nur noch eine Frage der Zeit sein würde, bis wir unwiderruflich stecken blieben.

Mir ist heute noch schleierhaft, wie damals überhaupt einer von uns hatte fahren können.

Magische Kanäle und die Mutter der Kommunen

5

Auf den Essener Songtagen im September 1968 lernte ich dann die Kommune 1 kennen. Die waren durch das Puddingattentat auf den amerikanischen Vizepräsidenten Humphrey in Berlin bereits in aller Munde und Fritz Teufel natürlich durch seinen Spruch »Wenn's der Wahrheitsfindung dient«, als er von einem hohen Gericht gezwungen wurde aufzustehen.

Die Kommunarden waren endlich mal Leute, die wie eine Rockgruppe aussahen und nicht wie Politiker und die trotzdem Politik machten. Mir fiel sofort Rainer Langhans auf, der die längsten und die schönsten Haare trug. Fast *naughty dreads,* wie die Rastas. Er wusch sie nicht mehr, und so fielen sie wie ein Brett von seinem Kopf, wenn er sich vorbeugte.

Die wilden Taten der Kommunarden konnte man täglich in der Zeitung verfolgen, und mit ihren Aktionen und Happenings erheiterten sie uns alle sehr und mischten die politische Szene von einem ganz anderen Ende her total auf. Sie hielten sich einfach nicht an die in Deutschland geltenden stillschweigenden Vereinbarungen und hinterfragten stattdessen alles immer wieder. An der K1 schieden sich die Geister endgültig – auch die der linken Bewegung.

1968 begann es in Deutschland an allen Ecken vor neuen Lebens- und Ausdrucksformen nur so zu wuchern – künstlerisch, musikalisch, politisch. Alles, was denken konnte oder wenigstens intakte Instinkte hatte, wollte raus aus den erstickenden Verhältnissen der Adenauerzeit. Mich selbst hatte Politik bis dahin null interessiert – das waren für mich die Brüder meines Vaters, die über den Stellungskrieg im Winter redeten. Eine reine Männerwelt. Die Kommune war spielerischer, und dass die Jungs es wagten, die bestehenden Verhältnisse und ihre bürgerlichen Vertreter durch Witz infrage zu stellen, hat mich sehr beeindruckt.

Vor der Grugahalle, in der die Essener Songtage stattfanden, hatte die K1 ihr Auto stehen und wir unseren Bus. So kamen wir ins Gespräch, und ich war auf den Schlag in Rainer Langhans verliebt. Der sah so wild aus, und gleichzeitig hatte er so ein süßes Engelsgesicht. Dazu war er noch intelligent und wahnsinnig nett zu mir. Zwischen uns hat's gleich gefunkt, aber ich hatte noch einen Auftritt mit Amon Düül und nicht viel Zeit, mich um ihn zu kümmern.

Vor dem Gig haben wir wieder einen Trip geschmissen, der sich aber als viel stärker erwies, als wir angenommen hatten. Als die Zeit für unseren Auftritt gekommen war, wussten wir nicht einmal mehr, auf welche Bühne wir sollten. Die Bandmitglieder mussten mühevoll zusammengesucht werden, und selbst dann wusste keiner mehr, was er spielen sollte – mit einem Wort, wir versanken in totalem Chaos, das wir auch nicht in den Griff kriegten. Jeder spielte etwas anderes, und hinterher haben wir uns ziemlich … Die Tageszeitung verriss unseren Auftritt nach Strich und Faden, fand aber seltsamerweise lobende Worte für meine Maracas.

Amon Düül wurde bald bekannter, und wir bekamen einen Manager, der auch Drafi Deutscher managte. Kurz nach dem Konzert machten wir uns auf den Weg nach Berlin, um eine Langspielplatte mit Peter Meisel aufzunehmen.

In Berlin angekommen, wurde Amon Düül von der Kommune 1 nach Moabit in die Fabrikhalle eingeladen. Die war legendär unter anderem auch dafür, dass viele Leute Tag und Nacht in einem Raum, einem der ersten deutschen Lofts, zusammenlebten. Ich war völlig fasziniert von diesem aberwitzig großen Raum. So hatte noch keiner gewohnt, das hatte ich noch nie gesehen. Allerdings schien niemand zu wissen, was man mit einem derartigen Platz anfangen sollte, denn dort sah es grauenhaft aus. Mein ästhetisches Empfinden war sehr gestört – es war scheinbar immer noch eher kleinbürgerlich. Selbst ein Matratzenlager hätte man schöner machen können, mit Samtdecken, Tüchern und so fort, aber das? O Gott, dachte ich nur.

Vorerst hatte ich allerdings bloß Augen für Rainer. Wir hatten uns seit dem Konzert in Essen nicht mehr gesehen, und glücklicherweise waren meine Erwartungen nicht zu hoch. Wir waren beide total verliebt, und ich blieb gleich in der ersten Nacht da.

Amon Düül ist irgendwann nach München zurückgefahren, und ich blieb bei Rainer in Berlin.

Bei dem Gedanken, mein Zimmer von jetzt an mit sechs oder sieben anderen teilen zu müssen, dachte ich nur: »O wei. Soll ich mich hier vor allen ausziehen? Und wie soll das mit Rainer laufen?«

In der Mitte stand ein runder Tisch, und von dem gingen sternförmig die Matratzen weg, auf denen geschlafen wurde. An einem Pfeiler stand ein Turm aus Fernsehgeräten, die Tag und Nacht ohne Ton liefen, jedes mit einem anderen Programm, über den ersten Beamer. Nur Nachrichten wurden geschaut. Die Küche bestand aus einem kleinen Raum, sie wurde immer von sechs bis 15 Leuten benutzt und war furchtbar verklebt und verdreckt. Es waren einfach zu viele Leute, und keiner wollte einen Handschlag tun, keiner gab etwas auf Äußerlichkeiten.

Ich habe mich auch immer gedrückt. Sauber wollte ich es haben, aber sauber machen wollte ich nicht. Das Bad bestand aus einem einzigen Waschbecken, in dem die Fabrikarbeiter sich früher die Hände gewaschen hatten. Eine halbe Etage tiefer war das Klo.

Morgens, bevor alle anderen aufstanden, schlich ich mich immer vor den einzigen Spiegel und schminkte mich schnell. Ich wollte nicht, dass Rainer mich morgens verschmiert sieht. Ich musste immer dran denken, wie mein Vater voller Entsetzen erzählt hatte, dass er neben einer aufgewacht sei, deren künstliche Wimpern abgegangen und deren Augen-Make-up verlaufen war – das Monster aus der schwarzen Lagune. Diesen Eindruck wollte ich auf jeden Fall vermeiden.

Rainer war hochintelligent, und es schmeichelte mir, dass so jemand mich ernst nahm. Noch nie hatte ein anderer sich so für mich interessiert. Er wollte jede noch so kleine Kleinigkeit von mir erfahren, und anfänglich haben wir nächtelang im Bett gelegen und über intime und auch peinliche Dinge gesprochen. Das ging nur sehr leise, denn Privatheit und Raum für Heimlichkeiten gab es keine. Alles wurde offen auf den Tisch gelegt.

Ich vergaß bald meine ganze Umgebung und hatte nur noch Augen und Ohren für Rainer. Ich war schwer verliebt und Rainer ebenso. Das merkte auch die Kommune, die ja die feste Zweierbeziehung ablehnte. Die Kommune war ein soziales Experiment, um aus einem emotionalen Desaster, in dem sich die Mitglieder befanden, herauszukommen, und in dem das Private als politisch galt. Das hieß: keine Privatheit, keine Heimlichkeiten – dadurch wollten die Kommunarden an ihre eigenen Grenzen gelangen, und nur dadurch ging es weiter. Nach dem ersten Schreck leuchtete mir das auch ein, aber meine Grundproblematik war immer die Bequemlichkeit. Ich kriegte nicht gern auf die Zehen getreten und gehe nicht freiwillig an meine Grenzen. Mich muss man schubsen, und hinterher bin ich dankbar fürs Wachsen.

Rainer hatte damals noch eine Freundin namens Antje, und ich wunderte mich, wie die ihm Paroli bieten konnte. So frisch verliebt, wie ich war, konnte ich gar nicht verstehen, wie sie ihm Zunder gab – ich sah ihn ja nur durch die rosa Brille, und er tat mir gut. Rainer glaubte fest an meinen Instinkt. Das hat mich wirklich stark gemacht. Andere behaupteten, es sei doof, nur so zu handeln, ohne etwas zu wissen, und was man nicht intellektuell belegen konnte, das galt nichts – gerade in der Kommune nicht. Aber bei ganz wichtigen Dingen hat Rainer mich oft gefragt, wie ich mich deswegen fühle, und auch danach gehandelt.

Bei politischen Aktionen benutzte er mich als Orakel und verhielt sich dann auch danach. Damit hat er mir ein großes Stück Selbstsicherheit mitgegeben. Instinkt, meinte er, sei ein Talent wie jedes andere, das man ausbilden und vervollkommnen müsse. Kritisch wird es nur, wenn die Angst dazukommt, sie stammt vom selben Platz wie der Instinkt, und dann stimmt es nicht mehr ganz. Doch mein Instinkt hat mir später noch öfter den Kopf gerettet.

1969, als ich zur Kommune stieß, gab es allerdings schon kaum noch gemeinsame Aktionen, und Fritz Teufel war gegangen. Trotzdem war jeden Tag etwas los, dauernd kamen andere Leute zu Besuch oder andere Kommunen aus ganz Deutschland, politische Gruppen und Musiker. Die K1 war *die* Kommune in Deutschland schlechthin, die Mutter aller Kommunen.

Wir sind jeden Tag spät aufgestanden, und nach dem Aufstehen wurden zwei zum Frühstückholen bei Bolle abgestellt: Joghurts, Tee, Schwarzer Krauser und alle Tageszeitungen. Die wurden erst mal daraufhin durchgeguckt, ob etwas über uns darin stand. Zu der Zeit wurde der Teufel schon polizeilich gesucht, und andere Freunde saßen im Knast. Für die machte die K1 dann öfter Aktionen oder traf sich mit Rechtsanwälten, vor allem mit Horst Mahler, der später zur *Roten Armee Fraktion* in den Untergrund gegangen ist.

In der K1 begann eine meiner härtesten Lehrzeiten, weil ich mich in einer männlichen, politischen und manchmal total freudlosen Gruppe aufhielt, ohne den Unterschied zwischen Kapitalismus und Kommunismus zu kennen. Die haben mir den Unterschied schnell beigebracht, aber leider gebrauchten sie dabei auch lauter Fremdwörter, die ich nicht kannte. Die regelmäßigen Sitzungen der Kommune waren in meinen Augen regelrechte Hirnwäscheveranstaltungen, bei denen meistens einer ins Kreuzfeuer genommen und nach Strich und Faden fertiggemacht wurde. Wer eine Cola getrunken hatte, war konterrevolutionär. Dass ich Mentholzigaretten rauchte, war konterrevolutionär und spielte in die Hände der Imperialisten. Jeder musste alles vor der Gruppe jederzeit rechtfertigen können und wurde dementsprechend verhört. Damals fing es auch an, dass man keine Privatgespräche führen konnte und dass alle Telefonate über den Verstärker liefen und jeder mithörte. Wenn beim Kreuzverhör die Reihe an mich kam, habe ich mich allerdings wie beim Abspülen bei meiner Mama taub gestellt. Wenn ich nichts hören will, höre ich auch nichts, und auf den heißen Stuhl habe ich mich nie setzen lassen.

Mein großes Vergehen bestand in den Augen der K1 darin, dass ich während der endlosen Gesprächs-sessions immer wieder einschlief. Auch während der ganz wichtigen. Mir wurde es eh leicht langweilig, und wenn ich noch einen fetten Joint geraucht hatte, dann wurde ich einfach irgendwann müde. Dass ich die Hälfte des Gesagten ohnehin nicht verstand, wur-de mir besonders von Kunzelmann schwer angekrei-det. Dieter Kunzelmann mochte mich auf den ersten Blick nicht, und ich mochte ihn nicht, weil er mich nicht mochte. Er schien mindestens zehn Jahre älter als die anderen, hatte einen fusseligen Bart und rote abstehende Haare wie ein elektrisierter Wurzelzwerg. Scharf war der und hat die Sachen total durchblickt. Dagegen war ich ein Baby, viel zu unbedarft und in seinen Augen nur ein doofes Fotomodell. Die ande-ren Frauen waren Studentinnen. Unentwegt wies er Rainer daraufhin, was für eine Ausgeschlafene doch seine Antje im Gegensatz zu mir sei. Ich konnte schon sein fränkisches Gebabbel nicht leiden.

»Des Suppehuhn da, was wees des scho?«

Und dann Rainer mit liebevoller Stimme: »Perl-huhn, bitte.«

Kunzelmanns Fraktion innerhalb der Kommune war noch mehr zuwider, dass Rainer auch noch auf mich zu hören begann. Alles, wofür ich stand – Drogen, Musik und Sinnesdinge –, war bei ihnen nicht angesagt, obwohl in der Kommune immer Leute waren, die die neuesten Sachen direkt aus England und den USA bekamen. Kunzelmann hatte sogar gegen die Rolling Stones ideologische Bedenken – die Beatles waren ja immerhin am Rande politisch.

Weil Rainer bedingungslos zu mir stand, machte er sich vor seiner ganzen Gruppe völlig unmöglich, und das erfüllte mich sehr mit Stolz und Liebe. Wenn er nicht gewesen wäre, hätte ich wirklich angefangen zu glauben, ich sei doof. So schaltete ich der Kommune gegenüber auf stur. Es stimmte ja, dass ich kein wirkliches Interesse an der Sache hatte, sondern nur wegen Rainer dort war. Trotzdem war es bestärkend, zu sehen, wie andere Frauen nackt aussehen – und zu erfahren, dass andere beim Sex auch nur mit Wasser kochen, hatte eine fast therapeutische Wirkung auf mich.

Zum Baden und um allein zu sein, gingen Rainer und ich alle drei Tage in die Kommune 2. Die hatten eine schöne Altbauwohnung, wo wir Kerzen im Bad aufstellten und intim sein konnten, ohne jemanden um uns herum zu haben. Nie allein zu sein war stressig für mich, aber wir wollten ja auch was anderes mit unserem Leben probieren, andere nicht immer ausschließen – wie Rainer sagte. Wir glaubten, mit unserer puren Intensität die Welt verändern zu können.

Ich fand den Ausbruch aus der Zweierbeziehung, den stickigen kleinen Beziehungen, in denen immer alles unter vier Augen abgehandelt wird, wichtig. In der Kommune kamen Dinge öffentlich zur Sprache, mit denen ja jeder zu tun hatte – nur keiner getraute sich, das damals zu sagen, jedenfalls nicht in der Öffentlichkeit.

Der angeblich wilde Sex, der in der Kommune stattgefunden haben soll, ist allerdings eines von den großen Missverständnissen – da dichteten uns die Medien ihre eigenen Wunschvorstellungen an. Es gab definitiv keine großen Orgien in der K1. Die Typen in der Kommune hatten sich ja zusammengerauft, weil sie in ihren Beziehungen Probleme hatten und fast liebesunfähig und total verklemmt waren. Man kann sogar sagen, die K1 sei gegründet worden, damit die Jungs endlich mal aus dieser Verklemmtheit rauskamen, wenn sie sahen, dass es anderen auch so ging. Eine Selbsthilfegruppe von kopflastigen Typen – das war die K1. In ihrer Gefühlswelt waren sie fast alle vollkommen unterentwickelt, hilflose emotionale Krüppel. Aber das waren die meisten Menschen damals. Rainer behauptete, er könne keinen Orgasmus haben und spüre einfach nichts. Der hat einfach nie seine Gefühle laufen lassen. Sex ist was Animalisches, das man nicht nur über den Kopf laufen lassen kann. Das Analysieren muss man weglassen, das Zu-Tode-Analysieren, was gerade deren Spezialität war. Manchmal dachte ich, das mit den Orgasmusschwierigkeiten sei ein Trick, um noch mehr Zuneigung aus mir herauszuholen …

Nach dem Beischlaf lagen wir unter der Decke.

»Das war doch aber jetzt schön?«

»Nee. Wieder nicht.«

»Jetzt aber war's doch gut. Ich hab doch gefühlt, dass es gut war.«

»Nein.«

Mit verschränkten Armen lag er dann im Bett.

Was ich mich mit dem Rainer angestrengt habe! Ich habe alles probiert. Ich habe ihn bedient, bis er total weg war, ich habe ihm die liebsten Sachen gesagt, bin total sexy gewesen, ganz auf seinen Körper eingegangen. Aber nein, er konnte es nicht zulassen. Er hatte keine Potenzschwierigkeiten, er wollte nur nicht zulassen, dass es passierte. Vielleicht war es nur ein Trick von ihm, noch mehr von mir zu kriegen, mehr Massage und noch schönere Blowjobs – aber dann: wieder nix. Später sagte er, Sex sei eine Vergeudung der menschlichen Säfte. Ich habe nicht aufgegeben. Dass er mich später als »Lustautomat« bezeichnet hat, habe ich ihm wirklich übel genommen. Wenn ich jemanden liebe, bin ich zwar auch sehr hungrig und unersättlich, aber schließlich waren es ja seine Probleme und Schwierigkeiten. Mir ist dieser Ausdruck »Lustautomat« jahrelang nachgeschlichen.

Rainer hat bis zum Schluss nie zugegeben, dass es geklappt hätte. Irgendwas muss in seiner Kindheit mit der Sexualität gewesen sein, etwas, was er emotional absolut nicht zugelassen hat und bei dem sein Intellekt dann die Kontrolle übernommen hat, und von mir bekam er das Sexuelle, Intuitive, Gefühlsmäßige – deswegen sind wir einander verfallen.

Die Jungen in der Kommune gingen immer mal wieder in den SDS. Aber dieser Männerkram war mir zu bürokratisch, ich schlief im wahrsten Sinne des Wortes ein. Auch bei den Diskussionen in der K1. Wenn man so Riesentüten raucht, wird man einfach müde.

»Du bist nicht doof. Du weißt nur nicht viel. Aber das kannst du alles lernen«, sagte Rainer.

Kunzelmann und Konsorten rauchten am Anfang nicht mit. Sie wussten nicht einmal, wie man einen Joint dreht. Ich und der »Zentralrat der umherschweifenden Haschrebellen« haben die Jungs drauf gebracht.

Im Sommer fuhr die Kommune an den Wannsee und watete durch das seichte Wasser auf eine Insel. Kein Mensch war da. Nur wir und zwei Mädchen. Wir legten unsere Oberteile ab, und dann kam eine Mutter mit Kind vorbeigewatet und dann noch eine. Die mussten alle einen extra Umweg machen, um uns zu sehen. Nach fünfzehn Minuten gab es einen kleinen Auflauf erregter Bürger, und nach siebzehn Minuten war die Polizei da. Besonders die Mütter regten sich auf: »Unverschämtheit, sich hier nackend zu zeigen.«

»Braucht ja nicht hergucken«, rief ich zurück.

Die Polizei kam und rief, wir sollten rüberkommen.

»Wenn ihr was wollt, kommt doch hier rüber.«

Zuerst kam ein Mannschaftswagen.

Dann kamen noch vier zur Verstärkung.

Die Polizisten durften wegen ihrer Dienstvorschriften ihre Schuhe nicht ausziehen. Sie mieteten sich schließlich ein Schlauchboot, setzten über, verhafteten uns und brachten uns auf die Wache. Als wir wegen einer derartigen Lappalie auf der Wache ankamen, haben sich selbst die Diensthabenden an den Kopf gefasst. Aber die Berliner Bürger mochten uns nun einfach nicht, wir wurden an allen Ecken beschimpft, verbal vergast und über die Mauer in den Minengürtel geworfen.

Kurz darauf wurde Rainer mein Manager und kümmerte sich um meine Karriere als Model. Er handelte viel bessere Preise aus, und ich wurde zum bestbezahlten Model dieser Zeit.

Er verhandelte auch so, dass er ein Ticket kriegte, um mit mir zu den Jobs mitzufliegen, und er übernahm meine Buchhaltung. Aber bald fand ich es unprofessionell, wie er die Leute beim Fotoshoot in politische Gespräche verwickeln wollte, und seine Anwesenheit begann zu nerven. Am Anfang war das noch egal, Hauptsache, ich war bei ihm. Ich war ja verliebt. Aber dann fing er an, mir reinzureden, welchen Job ich annehmen sollte und welchen nicht, welcher ideologisch vertretbar sei und welcher nicht. Und weil ich immer mehr Aufträge bekam, wollte ich ihn schließlich nicht mehr dabeihaben.

In Deutschland als Model zu arbeiten bedeutete damals, möglichst durchschnittlich und stuppig zu sein – Frau Jedermann. Das habe ich mir nie gefallen lassen. Ich ließ meine Haare nicht von der Carita in Paris schneiden, zu der alle Stars gingen, sondern schnitt sie mir selbst, bis meine Freundin Gabi Speckbacher das übernahm. Ich weigerte mich, sie einzufärben. Lieber sagte ich einen Job ab, bevor ich sie mir zum Bubikopf schneiden ließ. Ich hatte ohnehin oft etwas Interessanteres vor, als zu arbeiten, und das brachte mir den Ruf eines sehr wählerischen Models ein und trieb meine Gagen in die Höhe. Aber Berechnung war von meiner Seite nicht dabei. Leben hat mir immer mehr bedeutet als Geld – doch wenn die Fotos dann erschienen, war ich allerdings noch immer so wahnsinnig stolz wie als kleines Mädchen.

Eines der wichtigsten Bilder kam durch puren Zufall bei der Demonstration für die Freilassung des »umherschweifenden Rebellen« Pawla zustande, der sich mit den Akten im Gerichtssaal den Arsch abgewischt und einen Haufen vor dem Richtertisch hinterlassen hatte. Ich stellte mich in meinem Revoluzzeroutfit vor einer Einheit der Polizei auf, weil ich mich von denen nicht vertreiben lassen wollte. Das Foto erschien dann zuerst in der Berliner Presse und eine Woche später, einem alten Modelfoto von mir gegenübergestellt, im *Stern.* Damit wurde ich quasi über Nacht zu einem Aushängeschild der Kommune und damit der rebellischen Jugend.

Wir in der Kommune konnten größtenteils nicht fassen, wie unsäglich doof die Medien waren. Was da in den Zeitungen für ein Quatsch stand vom »Haschisch schießen« oder vom Puddingattentat, das sie in ein echtes Bombenattentat umfunktionierten! Aber als wir merkten, dass die Medien voll auf uns einstiegen, spielten wir es total aus. Sprüche wie »Wer zwei Mal mit derselben pennt, der gehört schon zum Establishment« kamen von der Presse und wurden uns untergejubelt. Aber schlechte Presse war für uns am Ende gute Presse.

Irgendwann hat dann auch die Kommune gemeinsam LSD eingeworfen.

Als der Trip anfing, hatte ich ein starkes Nähebedürfnis, aber ich konnte mich nicht artikulieren und kam dadurch total auf den Horror. Ich wurde immer sprachloser und war schließlich vollkommen unfähig, mich auszudrücken oder Kontakt herzustellen. Ich traute mich nicht mehr, vor den Leuten zu reden, und wurde immer gehemmter. Rainer wandte sich seiner Exfreundin Antje zu, die ihn allerdings rüde zurückstieß und sagte: »Mach das selber aus, wie ein Mann das macht.« Und Rainer war durch solche Dinge total zu knicken. Am liebsten hätte ich nur noch Tierlaute von mir gegeben, wie ein Schamane.

Bei dem Trip war auch Astrid Proll dabei, die wie ein Rettungsanker für mich war. Zwar war sie rhetorisch sehr gewieft, aber im Gegensatz zu den anderen hatte sie auch Zugang zu ihrer warmen menschlichen Seite. Auf Drogen wurde in der Kommune alles so hässlich und dreckig. Ich wollte nur noch auf einen Fleck weiße Wand schauen. Die Kommunarden sahen mit einem Mal alle ungesund und hässlich aus, besonders ein Hilfsarbeiter, sehr massiv und kräftig, mit einem sehr unbewussten Gesicht, der langsam anfing durchzudrehen. Er war eine von den Tranfunzeln, die immer am Rande der Kommune mit herumhingen, nicht besonders viel auf dem Kasten hatten und Drecksarbeiten übernahmen. Ich hatte einen Horror vor Geistesgestörten, weil ich nicht wusste, wie ich mit ihnen umgehen sollte, und weil ich Angst hatte, dass mir das Gleiche passieren könnte. Der Wahlhelfer zog nur noch unlogische, verwirrte Dinger ab und war in seinem Wahnsinn gleichzeitig intensiver als all die anderen Vernünftigen. Ich konnte nicht weggucken, wie er schrie und mit den Wänden redete und unmotiviert, aber heftig stapfend auf und ab lief. Er hatte irgendwann ein paar Trips zu viel eingenommen, und sein Limit war überstiegen. Auf einer einzigen kleinen Schiene raste er immer tiefer in den Irrsinn und kam nicht mehr wieder. Helfen konnte ihm keiner. Irgendjemand stellte dann ein Stroboskop an, und Rainer dachte, die Polizei stünde mit Blaulicht vor der Tür.

•

Bald begann mir das Fehlen jeder Privatheit auf die Nerven zu gehen. Dieses Gestöhne unter den Decken, wenn ich was mit Rainer besprechen wollte oder wenn wir Streit hatten – unbeeindruckt davon machten die anderen natürlich weiter ihre Dinge.

Irgendwann kam Amelie, ein wunderschönes Model mit hohen Backenknochen und schmalem Gesicht, vollem Mund und großen Augen auf Besuch in die Kommune. Zu allem Überfluss fand ich sie auch noch nett. Rainer fuhr auf sie ab, das merkte ich sofort und wurde innerlich schon ganz unruhig. Allerdings musste ich ja Gesicht wahren. »Jetzt hab dich nicht so. Wir wollen hier eh nicht solche lauen Zweierbeziehungen züchten, die uns einengen«, lautete der Beschluss.

Durch die Allgemeinheit wurde einem so das Maul gestopft, und ich konnte mir einfach nicht die Blöße geben, total auszurasten. Die einzige andere Möglichkeit wäre gewesen wegzulaufen, aber ich kannte niemanden in Berlin. Außerdem konnte ich ihr Rainer nicht einfach überlassen. Ich wollte nichts verpassen und erst recht nicht freie Bahn geben.

Auf einmal fingen die also an zu knutschen und kriegten Sternchenaugen.

Das hat mörderisch wehgetan.

Rainer hat sich gar nicht mehr mit mir beschäftigt, sondern nur noch mit Amelie. Ich kam mit irgendwelchen komischen Fragen aus der Ecke, um überhaupt noch ein bisschen Aufmerksamkeit zu kriegen, war aber schon abgemeldet. Zwar kam Holger Meins dann an und wollte was anfangen. Aber da war kein Raum bei mir dafür. Er war ein netter, ruhiger, sensitiver Typ, ein Filmstudent, für den die Filmgeschichte irgendwie nicht lief und der schließlich von der Filmhochschule ausgeschlossen wurde. Holger war frustriert und hatte gar nicht so einen Hass aufs System, sondern anfänglich eher Gleichgesinnte gesucht, etwas wie Familienanschluss. Dass er später bei Andreas (Baader) und Gudrun (Ensslin) Anschluss gefunden hat, hat mich nicht verwundert.

Als Rainer dann auch noch mit Amelie schlief, hat es mir gereicht. Aber ich habe es ertragen, und als ich mich nachher mit Rainer darüber unterhalten wollte, ging mir das Fehlen des eigenen Raumes am meisten ab, weil ich ihm nicht richtig die Hölle heiß machen konnte und nicht das ganz linke Schwein raushängen lassen durfte.

Zur selben Zeit hatte ich gehört, dass Jimi Hendrix in der Stadt war und er im *Sportpalast* auftrat, und ich nahm die Amelie sogar mit. Ich hatte ihn seit seinem Konzert im *Big Apple* nicht mehr gesehen, und nach dem Konzert sind wir ins Hotel, wo Jimi abgestiegen war. Als Hendrix die Treppe runterkam, hatte ich einen Augenblick Angst, dass er die Amelie wollen würde – aber er hat nur mich angeguckt.

»Wer ist das? Wer ist das?«, fragte er den Begleiter von der Plattenfirma und nahm mich gleich an der Hand und führte mich nach oben.

Jimi und ich, das war das Treffen von zwei Sprachlosen. Er sprach kein Deutsch und ich kaum Englisch. Trotzdem haben wir uns auf Anhieb verstanden. Seine Sprache war nur noch ein leises Atmen in meinem Ohr, und mein Körper hat sofort total vibriert. Wir rauchten was und waren wie zwei Katzen miteinander, *animal attraction* – dieses Verlangsamte, Exotische zog mich an, und wie schön seine dunkle Haut aussah. Mich hat auch gefreut, dass ich Rainer etwas in Gestalt so eines Supertyps heimzahlen konnte.

Am nächsten Tag habe ich Jimi Hendrix in aller Un-schuld – und um Rainer das Messer ein bisschen in der Wunde rumzudrehen – mit in die Kommune ge-nommen. Es war üblich, dass man seine Freunde da vorstellte, und es kam zu einer *weirden* Szene ohne besonders gute Vibrationen, denn die Kommunarden guckten beim Anblick von Hendrix alle derartig düs-ter, und Jimi war eh so schüchtern. Irgendwie waren sie sauer, dass ich mit dem ankam, und Kunzelmann und Rainer fragten ihn aus und fingen an, ihn poli-tisch zu nageln. Ich hatte gedacht, dass Jimi und ich da über Nacht bleiben würden, aber Jimi gefiel es nicht. Er traute sich kaum was zu sagen, weil er einen Hor-ror vor denen hatte.

Wir sind dann lieber wieder abgehauen, doch auf dem Weg zum Hotel ging der Wagen kaputt, und Jimi und ich liefen nachts durch das winterliche Berlin eng umschlungen bis ins Hotel.

Jimi war der schönste aller meiner Männer. Ganz schmal und so ein schönes, ebenmäßiges Gesicht und mit einer silbernen Halskette mit Türkis auf seiner weichen braunen Haut. Mit Jimi Liebe zu machen war eines der tiefsten Erlebnisse für mich. Wir hatten von Anfang an einen natürlichen Rhythmus zwischen uns beiden, und unsere Affäre dauerte ein paar Tage, bis er weiterfuhr.

Dann kam sein Brief nach Deutschland, und ich

weiß nicht, ob ich ihm je zurückgeschrieben habe, denn da war Rainer im Knast, und ich war ganz beschäftigt. Nein, ich habe nicht zurückgeschrieben.

•

Kurze Zeit später tauchte die Schauspielerin Mascha Rabben aus der Hamburger *Ablassgesellschaft,* einer anderen bekannten Kommune, bei uns auf.

Mit ihren roten Haaren und ihrem roten Fuchsmantel hat sie sich gleich über Rainer hergemacht. Sie war witzig, intelligent, sah wunderschön aus und konnte sich mit Rainer auch sofort viel besser unterhalten als ich.

Mascha war zum ersten Mal eine ernst zu nehmende Konkurrentin, sie strahlte innerlich, und die beiden schliefen dann auch vor meinen Augen miteinander. Ich verstand nicht, weshalb Rainer immer noch mit einer fremden Frau schlafen musste – letztlich ist er dann doch jedes Mal auf die Schönheit reingefallen. Wenigstens in der Sache waren der nörgelige Giftzwerg Kunzelmann, der nur hässliche Raben abkriegte, und ich mal einer Meinung.

Dieses Mal aber rastete ich aus und schmiss mit meinem Schuh nach den beiden und sagte mir: Fuck you, ich gehe zu Jimi.

Ich packte meine Sachen, buchte einen Flug und bin Hals über Kopf nach London, wo ich mich auf die Suche nach Hendrix machte.

Als ich die Adresse fand, die er mir in Berlin gegeben hatte, war er nicht da. Seine Haushälterin ließ mich schließlich ins Haus. Innen war alles dunkelrot und orange angemalt, über dem Bett ein großes Fransentuch – aber er war auf Tour.

Das letzte Mal sah ich Jimi dann auf Fehmarn. Das war eines von seinen letzten Konzerten überhaupt. Ich fuhr von Hamburg aus mit Canned Heat und Jimi im Abteil. Da war er schon wie weg. Zwischen uns war eine unsichtbare Glaswand, und er sah wahnsinnig unglücklich aus. Ich glaube nicht, dass er mich erkannte. Im Bus vom Hotel saß er direkt hinter mir. Ich hätte ihm gern etwas gesagt, denn er wirkte so angeekelt. Und ich wusste nicht, was ich ihm hätte sagen sollen. Ich fühlte mich so unfähig und wünschte mir, ein bisschen älter zu sein, ein bisschen mehr Erfahrung zu haben, um ihn da rauszuholen.

In Fehmarn stand ich am Bühnenrand, als er auftrat, und er machte wieder seine Nummer, die alle Leute sehen wollten, mit den Zähnen auf der Gitarre, was er schon so widerlich fand. Wie ein Zirkuspferd kam er sich vor. Dann begann es auch noch zu regnen, und das ganze Festival versank im Schlamm. Obwohl Alvin Lee von Ten Years After hinter mir her war und ich eigentlich auf ihn stand, war ich zu geschockt von Jimi, um auf die Anträge einzugehen. Jimi war so unglücklich, das strahlte ihm aus jeder Pore. In der

Zeitung habe ich dann gelesen, dass er kurz danach gestorben war, und obwohl unsere Affäre nur so kurz war, hat eine totale Tiefe zwischen uns existiert. Mann, dachte ich, jetzt ist es für immer und ewig vorbei.

•

Zur gleichen Zeit wie die K1 existierten in Berlin auch die »Umherschweifenden Haschrebellen«, die »Schwarzen Ratten« und die »Tupamaros«. Zu den »Haschrebellen«, mit denen ich mich besonders verstand, gehörten Bommi Baumann, Georg von Rauch und Hannibal. Die waren witzig, mehr Rock 'n' Roll, mehr auf der Musik als die Kommune. Sie hatten freudvollere, witzigere Aktionen, auch wenn sie hier und da mal eine Handgranate bei der Polizei oder bei einem Richter über die Mauer geworfen haben sollten. Nachts saßen sie bei uns herum und planten ihre Untaten, denn die Frage nach dem Einsatz von Gewalt gegen die Gewalt des Staates wurde auch bei uns immer deutlicher gestellt.

Rainer wurde durch meinen Einfluss allerdings immer weicher, immer freudvoller, immer ästhetischer und liebevoller, und er vertrat seinen Weg – seine Faszination für das weibliche Prinzip – auch offen und stark in der Kommune und machte klar, dass er vor allem auch von Frauen lernen will. Rainer fand, dass Frauen die richtige Art hätten, mit Dingen umzugehen. Er hat Frauen wirklich sehr verehrt – bis zu einem Punkt, wo es masochistisch wurde. Aber das war er sowieso.

Dann kam das Angebot für die *Rote Sonne,* einen Film mit Rolf Thome, Regisseur der jungen deutschen Welle. Ich wollte den Film eigentlich nicht machen, aber Rainer handelte eine sehr gute Gage von 25 000 Mark aus und einiges an Sonderbedingungen. Die ganze Filmerei war nicht meine Sache, und die einzige Rolle, die ich überzeugend hätte spielen können, wär das Karnickel vor der Flinte gewesen. Jedes Mal, wenn die Klappe fiel, erstarrte ich zu Eis, und das kann man auch in jeder Szene des Films sehen. Ich brauchte zum Glück nicht mehr als vier Tage pro Woche zu arbeiten, und die Flüge für Rainer wurden extra bezahlt. Ich kann mich nicht einmal mehr an die Handlung erinnern. Jedenfalls war ich unfähig, mich zu bewegen, und wusste nicht mal mehr, wie man ein Glas Wasser trinkt oder eine Tür aufmacht, wenn die Kamera lief. Es gab zwar ein Drehbuch von Max Ziehlmann. Aber da ich nicht spielen konnte und sollte, war die Regieanweisung: »Jetzt mach.« Und das sollte auch noch möglichst lebensecht wirken – die junge deutsche Welle.

Ich bin keine gute Schauspielerin, weil ich dabei immer im Kopf behalte, ob ich auch gut aussehe – das war mir damals das Wichtigste –, und dabei kann man nicht gut sein. Nach jeder Szene taute ich wieder auf und sprang weg. In meinen Filmen wurde ich meist synchronisiert, weil ich meinen bayrischen Akzent so schrecklich fand, und ich war noch nicht mal auf der Premiere von der »Roten Sonne«.

Als die WG im Stockwerk unter der Kommune, die von einer äußerst geschäftstüchtigen Frau mit langen schwarzen Haaren geführt wurde, anfing, Heroin zu kochen und zu dealen, hat auch Kunzelmann begonnen zu schießen und Georg von Rauch auch. Sie haben gar keine Zeit damit vergeudet, das Zeug zu sniffen oder zu rauchen, sondern gleich geschossen. Mir war der Akt, eine Nadel in meine Haut zu rammen, zu selbstdestruktiv – das habe ich einfach nicht fertiggebracht. Rainer auch nicht. Aber Kunzelmann und seine Leute wurden vor unseren Augen zu Junkies und zur selben Zeit immer unnachsichtiger und militanter. Die Bagage, die mit dem Heroin in die Kommune kam, war übles Pack. Es war ja nie wunderschön dort gewesen – es ging um Inhalte, nicht um die Dekoration –, aber nachdem Kunzelmann angefangen hatte zu drücken, ging der Laden total den Bach hinunter.

Die Leute um Kunzelmann haben mich dann schließlich auch nicht mehr mit in ihre Pläne einbezogen. Sie sind nachts einfach verschwunden und ihren Sachen nachgegangen. Kunzelmanns Freundin hat dann auch angefangen zu schießen, und von da an lagen sie nur noch den ganzen Tag auf ihrer vermieften Schweinematratze. Seine Freundin war Krankenschwester und musste Kunzelmann immer den Riemen enger ziehen und die Nadel setzen, während er wehleidig wimmerte, wenn ihm die Nadel näher kam.

Dann fingen die Mutproben an.

Wer jetzt wirklich dazugehören wollte, der musste auch seine Bombe irgendwo reinschmeißen. Ich fand das sinnlos und wollte auf keinen Fall in den Knast. Es liefen ja schon dauernd Verfahren gegen die Männer in der Kommune, denen man jede Kleinigkeit anzulasten versuchte. Aber zum Bombenschmeißen hatte ich einfach nicht genug Hass in mir.

Eines Tages wollte Kunzelmann dann seine eigene Bombe haben. Nicht mehr bloß die Handgranaten, sondern eine echte Bombe.

Und er bekam seine Bombe, von unserem Klempner, einem total *straighten* Typen, der ab und zu bei uns zu Besuch kam und vorgab, mächtig gegen das System zu sein. Rainer mochte ihn, weil er sich interessiert stellte, und irgendwann kam er tatsächlich mit einer echten Bombe.

Sie stand wochenlang als Briefbeschwerer auf dem Schreibtisch, und keiner kümmerte sich darum. Irgendwann stellten wir die Bombe aufs Klo runter, weil sie beim Aufräumen im Weg war. Und kurz nachdem wir das getan hatten, klopfte es frühmorgens an der Tür – Polizeirazzia. Langsam und nackt sind wir aus unseren Betten aufgestanden – »Striptease für die Polizei«, haben es die Zeitungen genannt – und haben uns angezogen. Das hat die Bullen natürlich provoziert. Von irgendjemandem hatten sie erfahren, dass eine Bombe auf dem Schreibtisch stehen sollte. Aber die Bombe haben sie nicht gefunden, und so mussten sie unverrichteter Dinge wieder abziehen. Wir haben nur gelacht: »Haha, die Bombe.« Aber nicht, dass wir die Bombe weggeschafft hätten. Die haben wir da stehen lassen, und nach zwei Tagen waren sie wieder da, und diesmal haben sie die Bombe gefunden. Da war die Frauenkommune aus München gerade zu Besuch, und wir wurden allesamt verhaftet. Rainer und Kunzelmann kamen sogar ins Gefängnis, und ich hatte keine Ahnung, ob er wieder rauskommen würde.

Plötzlich saß ich dort mit den ganzen Leuten aus der K1, mit denen ich ja nicht unbedingt was gemein hatte. Es stellte sich heraus, dass unser Klempner ein V-Mann war, der uns mit Handgranaten und der Bombe versorgt hatte, um uns zu kriminalisieren. Er hatte der Polizei verraten, dass die Bombe auf dem Schreibtisch stand, und war am nächsten Tag erschienen, um den wirklichen Standort der Sprengladung ausfindig zu machen.

Von da an traf ich mich jeden Tag mit dem Rechtsanwalt Horst Mahler und wollte Rainer im Knast besuchen, was mir verwehrt wurde. Ich versuchte es mit gefälschtem Pass dann noch einmal. Es war fürchterlich, Rainer hinter Gittern zu sehen.

Wir druckten Flugblätter und machten eine Demonstration vor dem Gefängnis, bei der wir auf Ghettoblastern »Street Fighting Man« von den Rolling Stones laufen ließen. Wir haben den Text gar nicht verstanden. Denn eigentlich ist der Song ja gegen Gewalt in den Straßen. Als Rainer nach fünf Wochen endlich rauskam, sagte er, dass er gern noch geblieben wäre – irgendwie hatte er es wohl ganz gut da drinnen gefunden und angefangen zu meditieren.

●

Der Konflikt zwischen dem militanten Kunzelmann und seinen Leuten und unserer Popkommune spitzte sich immer weiter zu. Kunzelmann warf Rainer vor, sich durch mich verweichlichen zu lassen. Durch das Heroin waren die anderen völlig kalt und freudlos geworden. Schließlich kam es zur Schlägerei zwischen Kunzelmann und seinen Leuten und uns. In der K1 flogen die Fetzen, es gab richtig welche aufs Maul.

Kunzelmann nahmen wir am Kragen und stellten ihn draußen vor die schwere Eisentür, und Rumms!, mit einem Schlag war sie zu. Wir warfen ihm und seinen Leuten noch ein paar Klamotten aus dem Fenster hinterher, und er kam nie mehr wieder.

Gegen Ende waren einfach keine wirklich starken Personen mehr in der Kommune, was ein Grundproblem aller Kommunen war. Am Anfang begann es idealistisch mit den besten Leuten und Vorsätzen, dann gingen die Ersten weg, und wegen der laufenden Unkosten konnte man nach einer Weile nicht mehr ganz so wählerisch sein, was neue Leute anging, und der Grundgedanke verwässerte sich immer weiter.

Rainer machte dann auch noch den Fehler, sich mit Rockern aus dem Berliner Kongo (dem Märkischen Viertel) einzulassen. Er wollte mit denen kommunizieren und glaubte allen Ernstes, er könne sich Zugang zu deren Welt verschaffen, die ihn faszinierte.

Mir war gleich klar, dass die ganz unterschiedliche Sprachen sprachen. Rainer dachte, er sei jemand und könne einfach irgendwo aufkreuzen und Leute bekehren, und ging viel mit denen in ihren Klubraum, den sie von der Stadt zur Verfügung gestellt bekommen hatten. Er wollte ihr Bewusstsein erweitern. Und das ging sprichwörtlich ins Auge.

Als der *Stern*-Artikel herauskam und wir beide als »Schönstes Paar der Apo« auf dem Titel prangten, ging das Gerücht um, dass ich 20 000 Mark dafür bekommen hätte. Eines Abends öffnete sich die Stahltür, und acht Rocker kamen herein, drehten den Schlüssel von innen um, rissen das Telefon aus der Wand – die volle Kriminaltour –, und ich wusste: Jetzt geht's ab.

In der Kommune waren an dem Abend fast nur Frauen und zwei oder drei Männer, und durch die Tür kamen acht oder zehn Kriminelle. Die Typen haben erst mal angefangen, sich untereinander zu kabbeln. Irgendein Untertier hatte was Falsches gesagt, deshalb musste der erst um Gnade bei dem Obertier bitten, bevor sie sich alle um uns kümmern konnten – ach, so lau, das Ganze, dass mir fast schlecht geworden wäre. Solche Riesenkerle hatten dann so lächerliche Regeln. Das Untertier wurde erst mal bestraft und kriegte was auf die Maske, bis ihm die Nase blutete – alles vor unseren Augen, und dann ging's los. Als Erstes kriegten die Typen kurz welche hin. Auch Rainer. Amelie wollte sich rausreden – bumm, die bekam gleich so eine geklatscht, dass sie hintenüberfiel.

»Mann«, dachte ich mir, »da halte ich aber lieber den Mund.«

Wie sich rausstellte, waren die Rocker in ihrem Klubhaus neidisch geworden und wollten einen Teil der 20 000 Mark vom *Stern* haben, was total illusorisch war. Am Ende haben sie das Geld auch vergessen und haben sich damit begnügt, die Männer ziemlich zu verprügeln, und damit war's zu Ende. Das war der letzte Akt. Damit war die Kommune erledigt.

Die Zeitungen veröffentlichten Fotos von dem demolierten Raum und schrieben dazu, dass wir derartig unordentlich und verdreckt gelebt hätten.

Highfish und Götterspeise

6

Rainer und ich sind danach in München bei der Frauenkommune untergekommen, bei Adelheid Schuster-Opfermann und Gabi Fersch.

Dort herrschte eine weitaus angenehmere Atmosphäre – man merkte eben, dass Frauen den Ton angaben.

Adelheid hatte ein lesbisches Verhältnis, und eigentlich wollten die Frauen keine Männer dort haben, aber bei Rainer machten sie eine Ausnahme. Dort lebten wir zwei oder drei Monate, dann zogen wir in die Giselastraße, eine Seitenstraße von der Leopoldstraße, und gründeten die Highfishkommune.

Die Highfishkommune war eine erklärte Popkommune, die neue Lebensräume schaffen wollte. Wir stylten sämtliche Zimmer durch, mit Treppen und Podesten und mit Dekorationssamt überzogenen Matratzen, über denen Christbaumlichtlein blinkten. In der Highfishkommune waren – nomen est omen – Drogen angesagt, besonders LSD, sowie Kunstaktionen, Happenings und Pornofilme, bei denen die Mitglieder der Kommune mitwirkten. Wir wollten damit in die Medien kommen und unsere Kommune in die Kunstrichtung reinkommerzialisieren. Unser absoluter Bestseller waren die Brustabdrucke von Rosy Rosy.

Mittlerweile konnte ich in jeder Lage einen Joint drehen: auf Skiern, auf dem Wasser, im Bus, im Liegen, im Stehen.

Einmal wollten wir einen großen Deal mit der Frauenkommune machen und wussten nicht, dass das Telefon abgehört wurde. Rainer und ich flogen zurück nach Berlin, ohne was zu kaufen. Ich hatte trotzdem ein Riesenstück in der Handtasche – das war hinter den Schminkspiegel gerutscht.

Als wir in Tempelhof ankamen, sahen wir schon die Polizei auf der Landebahn an der Gangway. Die durchsuchten alles, fanden aber nichts. Die Polizei rastete total aus, sodass sie nachher sogar meine Augenbrauenstifte zerbrochen haben.

Eines Nachts bin ich mit Rainer auf Trip zurück in die Wohnung gekommen und direkt in die Dreharbeiten eines der Pornofilme von Hannes Fuchs gelaufen.

Er wollte mit alternativen Pornofilmen Geld machen, Orgienfilmen, die das geheime Treiben der Blumenkinder beleuchten sollten und gleichzeitig natürlich auch eine Komplettverarsche der bürgerlichen Erwartungshaltung gegenüber den Kommunen und den WGs waren.

Einige der Filme liefen in Deutschland im Rahmen der damaligen Sexwelle sogar in den Kinos. Orgienfilme, mit toten Aalen und Badewannen voller Dr.-Oetker-Götterspeise.

Ich und Rainer guckten uns die ganze Pornoaktion eine Weile von oben an.

Das LSD wirkte noch, und meine Augen zoomten wie Linsen auf Körperdetails und gequält lustvolle Gesichter – ich fand das Treiben mit einem Mal total entsetzlich und entfremdet, wie da miteinander herumgewuselt wurde und man sich abquälte, ohne Spaß dabei zu haben.

Wenn es ausgesehen hätte, als mache es Spaß, wäre ich bestimmt dabei gewesen.

Dort traf ich auch Mascha Rabben wieder, sie machte mit Kai Thorsten Fotos für *Konkret.* Wir waren nach wie vor sehr eifersüchtig aufeinander. Sie sah noch besser aus und war eine wirklich gute Schauspielerin geworden, die bei Fassbinder spielte.

•

Nach drei Wochen stand Fritz Teufel in der Tür und wollte von Rainer und mir 1000 Mark, weil er in der Zeitung gelesen hatte, dass ich mit der *Stern*-Geschichte reich geworden sei. Ich hatte Teufel vorher noch nie persönlich getroffen, und als ich ihn fragte, warum er das wolle, zog er einfach eine Pistole, hielt sie mir vor den Bauch und brachte eine mir unverständliche politische Begründung vor. Mir sank das Herz in die Knie, und wir haben ihm dann ganz ruhig abgesagt.

»Hmmm«, sagte er nur, guckte böse, steckte die Pistole wieder ein und war aus der Tür.

Weil in den USA *Woodstock* zum Riesenerfolg der Dekade wurde, hatten Rainer und ich auch vor, ein Festival zu veranstalten. Als Headliner kamen natürlich nur die Rolling Stones infrage, und wir fingen an, uns nach einem geeigneten Flecken Land in Oberbayern umzuschauen.

Rainer und ich flogen nach London, und durch Peter Green von Fleetwood Mac, den wir aus München kannten, lernten wir Mick Taylor kennen und kamen so ins *Olympic Studio,* wo die Stones gerade *Sticky Fingers* aufnahmen.

Mick Jagger lief gerade aus der Mixing-Booth die Stufen hinab und wäre fast über mich gestolpert. Ich stand vor ihm wie ein Geschenk, verpackt in meinen neu erstandenen Fransenmantel und Hotpants.

»You look so beautiful«, war das Erste, was er mit leiser, für die Umstände viel zu intimer Stimme sagte, und ich merkte, dass er meinte, was er sagte, und ging fast in die Knie. Mein Sendlinger Kindertraum war wahr geworden, und Rainer stand daneben und sah zu, was mit mir geschah.

»Wir würden gern ein Open-Air-Konzert mit euch machen«, übernahm Rainer den geschäftlichen Teil der Verhandlungen. Mick bestellte uns für den nächsten Tag in sein Büro und stellte uns einen Blankoschrieb aus, nach dem die Stones bereit waren, bei uns aufzutreten. Damit konnten wir uns um Investoren und auch um andere Bands kümmern.

Abends bei einem Konzert von Santana in der *Royal Albert Hall* rannte ich Mick wieder in die Arme, und diesmal lud er mich zu *Tramps* ein.

Rainer und ich gingen beide mit, und Mick und ich fingen aus heiterem Himmel wie wild an zu schmusen, während Rainer danebensaß und immer saurer wurde.

Die ganze Show vor seinen Augen abzuziehen, war eigentlich total brutal, aber es machte mir Spaß, solche Dinge zu tun und ihn herauszufordern.

Er behauptete immer, er sei nicht eifersüchtig, und ich wollte herauskriegen, ob er es wirklich nicht war. Rainer redete verkrampft mit seinem Tischnachbarn, während ich mit Jagger knutschte und fast unter den Tisch rutschte. Irgendwann fragte Mick mich schließlich, ob ich mit ihm ins Bett gehen wolle, und ich hätte es auf den Schlag gemacht. Ich hielt nichts davon, lange abzuwarten, und war immer ungeduldig herauszufinden, was eigentlich los war. Fast hätte ich zugesagt, aber dann fiel mir ein, dass ich mit Rainer den ganzen Tag in Schlangenlederstiefeln durch die Stadt gelaufen war und nicht einmal Zeit gehabt hatte, die Socken zu wechseln. Ich erfand eine Ausrede, weil ich Mick Jagger in unserer ersten Nacht nicht anstinken wollte.

Dadurch, dass ich nicht mitging, interessierte er sich allerdings erst recht für mich. Es wunderte ihn sehr, dass eine mal nicht sofort mitging. Dass mein Freund danebensaß, war für ihn sowieso irrelevant. Rainer spielte für ihn überhaupt keine Rolle mehr, aber das war ganz normal bei den Stones. Wie ich später sehen sollte, haben Frauen vor denen die unglaublichsten Sachen abgezogen. Kleinigkeiten wie langjährige Freunde oder Ehemänner galten da nichts mehr.

Als die Stones 1971 auf Tournee nach Deutschland kamen, erkundigte Mick sich über einen Schreiber von der *Bravo* nach mir und gab ihm eine Botschaft für mich mit.

Den Zettel habe ich aber nie bekommen, nur eine Fotokopie davon. Das Original hat der *Bravo*-Schreiber behalten.

Ich fuhr sofort mit dem Taxi ins Hotel, wo sie abgestiegen waren, und der Erste, der mir dann im Hotel begegnete, war Keith Richards. Ich fragte ihn nach Mick und er, Kavalier, der er war, brachte mich zu Mick. Der hat mich sofort wiedererkannt und mit auf sein Zimmer genommen.

Da war Party angesagt, schwarze Mädchen, die Tänzerinnen der Band, zu trinken, zu rauchen und Drogen en masse. Mick, der Geizhals, so fiel mir allerdings auf, schnupfte immer von den anderen und kaufte sich nie selbst was. Nach einer Stunde schickte er sie endlich alle raus, und wir fielen übereinander her, sobald er das *Do not disturb*-Schild an die Zimmertür gehängt hatte.

Wir legten uns aufs Bett, und Mick begann, mich langsam auszuziehen.

Mir gefiel sein schmaler, sehniger Körper und die abendfüllenden Lippen. Ich hätte ihm stundenlang zusehen können, nur wie er sich bewegte, und ich merkte, dass Mick keine Angst vor Frauen hatte, sondern geradezu unheimlich offen war. Er hatte eine starke feminine Seite und konnte sich total gut bewegen.

Ich schmolz vor seiner Sinnlichkeit förmlich dahin. An mir gefielen ihm ausgerechnet meine Bauchmuskeln und die Delle auf der Seite meiner Pobacke – worauf ich auch immer stolz war.

Mick war wie ein lebendiger Film, von dem ich die Augen nicht mehr abwenden konnte, so ausdrucksvoll, so frech sein Lachen und immer in Bewegung. Ein wenig schwul wirkte er, und damit hat er auch kokettiert.

Mick brachte mir die ersten schmutzigen Worte in Englisch bei: »*Suck my Cock.*« Mich erregten die *dirty words* in fremden Sprachen, und Mick fragte mich später, ob ich Lust hätte, mich mit ihm und David Bowie auf einen Dreier zu treffen. Ich habe geschluckt und »Jaaa« gesagt. Auch dass ich noch nie was mit einem Mädchen gehabt hatte, war mir im Zeitalter der sexuellen Befreiung richtig peinlich. Zu dem Dreier mit Bowie ist es aber nicht gekommen, genauso wenig wie zu dem geplanten Open-Air-Konzert in Oberbayern.

Als ich morgens aufwachte, schlief er noch, und ich guckte ihn an, wie er dort lag, den berühmten Mund, sein Gesicht, das ich auf zig Zeitungscovers gesehen hatte, und dachte: »Wow, hier liegt wirklich Mick Jagger neben mir.« Es gab einen Moment, in dem mich das regelrecht umhaute.

Micks und mein Verhältnis hat sich danach allerdings eher geschwisterlich entwickelt. Wir erzählten uns von unseren Affären, und ich schlug ihm Frauen vor. Mick hat wirklich irrwitzig viele Frauen gehabt, und sobald er um die Ecke war, wusste ich, dass er mit einer anderen zusammen sein würde. Instinktiv spürte ich, dass ich ihn niemals ganz besitzen könnte.

Die Stones mussten in der nächsten Nacht noch nach Paris, und dort lernte Mick am nächsten Tag Bianca kennen. Das setzte unserem Treffen in Frankfurt schon einen Dämpfer auf – zu dem mich Rainer mit unserem BMW fuhr, was mich verwunderte, weil er natürlich wusste, dass ich was mit Mick Jagger haben würde. Aber Rainer hat sich immer sehr bewusst in seinen Schmerz begeben.

Unser Verhältnis zog sich sporadisch über zwei Jahre hin, und in München kam Mick später in unsere Wohnung, wo ich mit den Frauen wohnte. Ich besaß einen Haufen Kassetten von den Stones – unter anderem auch *Satanic Majesties Request* –, die hatte er seit Jahren nicht gehört.

»Bullshit«, sagte er nur und schüttelte den Kopf. Die Platte hatte er nur aus Geschäftsgründen gemacht, weil damals *Sgt. Pepper* rausgekommen war und die Stones in Konkurrenz zu den Beatles standen. Der Rest der Band hatte lieber bei den R&B-Roots bleiben wollen, und das Produkt hat auch keiner gemocht.

Bei mir in der Wohnung verirrte Mick sich eines Nachts ganz zufällig in das Zimmer meiner Freundin. Ich muss sagen, Mick war wahnsinnig hinter Frauen her. Das war seine Triebfeder. Wir tauschten beim Sex oft die Rollen. Ich war der Mann und habe ihn angemacht, und er hat sich auf den Rücken gelegt und die Frau gespielt. Das hat mir Spaß gemacht, denn ich fühlte mich manchmal wie ein Kerl, und er war auch sehr feminin.

Ich habe ihm Neuschwanstein gezeigt, im durchsichtigen Kleid mit Schlangenlederstiefeln. Und er wollte mich dann mit nach Südfrankreich zu den Plattenaufnahmen zu *Exile on Mainstreet* mitnehmen. Wir mieteten uns in München ein Auto und fuhren auf Landstraßen durch Österreich.

Mick fährt auf Tournee manchmal gern selber Auto. In der Schweiz fanden wir anstatt eines Hotels nur ein kleines enges Zimmer in einer Gastwirtschaft – ein bizarr hässlicher Verschlag über der Gaststube –, aber Mick nahm seine Gitarre mit und sang für mich *A whole lotta shakin going on* in der Version von Smokey Robinson, die er in einem Soulladen in Harlem aufgetrieben hatte, wie er ganz stolz erzählte. Dann fuhren wir weiter nach Zürich in ein Luxushotel, und dort überlegte er es sich einfach anders und nahm mich nicht mehr mit.

Da musste ich mit dem Zug allein zurückfahren. Er hat mir nie gesagt, warum, vermutlich hatte er Kontakt mit Bianca aufgenommen.

Das hat mich verletzt.

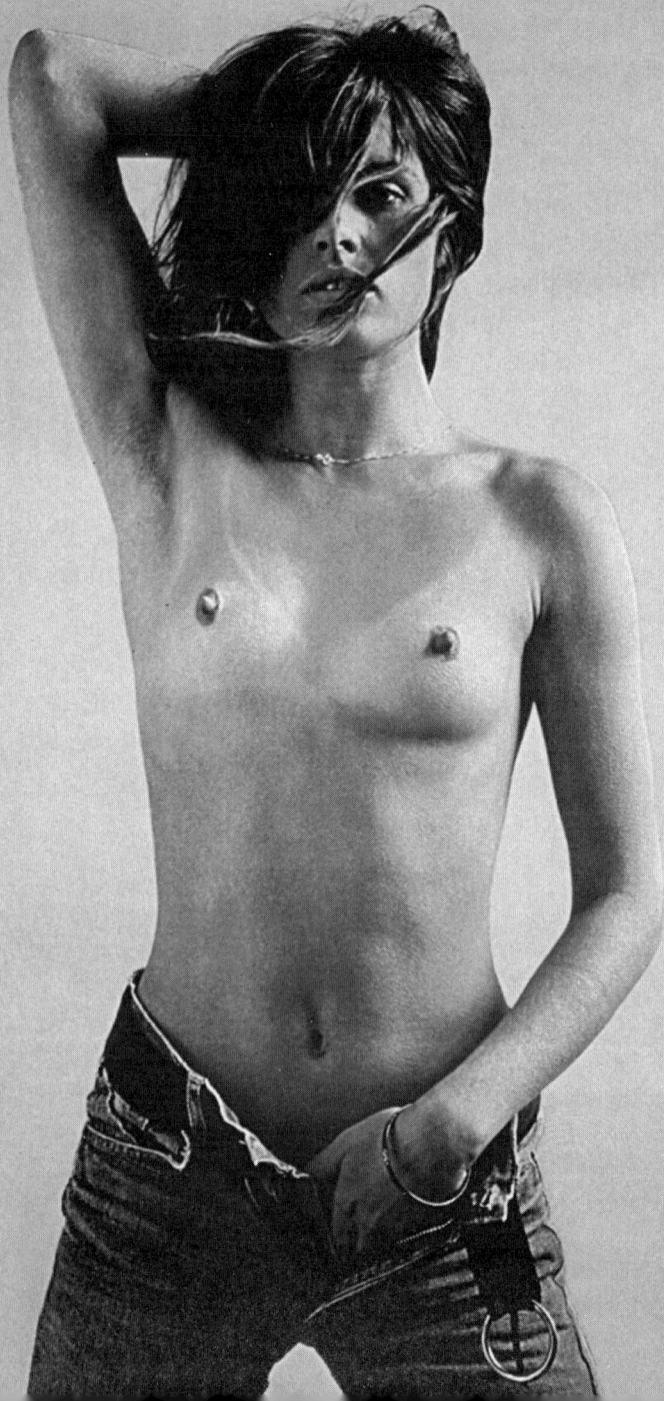

Eindimensionale Beziehungen

7

ZU MIETEN GESUCHT: »*Hippies R. Langhans / Uschi Obermaier mit Hippie Ch. Manson weder verwandt noch verschwägert u.s. Methoden aufs schärfste missbilligend. SUCH. DRING. P. SOFORT sehr großen Raum mit Nebenräumen mögl. zentr. als Produktionsräume.*« So lautete unsere Anzeige 1969 in der *Süddeutschen Zeitung,* aber es meldete sich niemand. Rainer und ich zogen dann in eine kleine Wohnung am Englischen Garten, in eine

Zweierbeziehung, die zunehmend fürchterlicher wurde. Nach den Erfahrungen mit all den Leuten saßen wir nun in einer kleinen Mansardenwohnung aufeinander – trautes Heim –, genau das, was wir nicht gewollt hatten. Und bald ging das Genörgel über Alltagsdinge los. Rainer hat mich am Schluss im wahrsten Sinne des Wortes totgequasselt, und alles war schon tausendmal gesagt. Ich hatte ein Messer in der Hand und sagte zu ihm: »Mann, jetzt hör auf!«

»Stich doch zu, stich doch zu.«

Das war typisch für das Masochistische in Rainer. Dieses Selbstbemitleidende war für mich überhaupt nicht mehr anziehend. Trotzdem musste er immer das letzte Wort haben, auch wenn unsere Münder schon in Fransen hingen. Ich konnte keine Bewegung, keinen Schritt mehr machen, ohne dass er es zu Tode analysierte. Das lief die ganze Zeit, auch während der guten Zeiten unserer Beziehung, aber mit dieser zunehmend eindimensionalen Beziehung, ohne andere Leute, ging es uns immer schlechter, und während wir in meinem ersten Auto, einem schönen alten BMW V8, am Streiten waren, fuhr er, ohne zu gucken, auf den Mittleren Ring, und da ist uns einer von hinten rein.

Wir gaben die Mansardenwohnung wieder auf und zogen in der Sckellstraße mit Hannes Fuchs und Georg Eich zusammen. Da haben wir dann Tisch und Bett getrennt, und ich hatte mein eigenes Zimmer.

Mit Hannes kam Rainer auf den indischen Heiligen Kirpal Singh. Das hat mich gleich abgestoßen, denn ich wollte alles von *dieser* Welt. Ich wollte alles durchmachen und im Jetzt und Hier leben, ohne auf die äußerlich schönen Sachen zu verzichten, während bei denen der große Selbstkasteiungstrip losging. Sie haben kaum noch gegessen, und wenn, dann nur noch makrobiotisch. Ich wollte lieber beim »Käfer« einkaufen. Dazu kamen die stundenlangen Meditationen. Ich habe es auch ein paar Mal probiert – aber es hat mir nichts gegeben. Ich war zu erdverbunden, und die sind abgeflogen. Sie trugen nur noch weiße Klamotten, und Rainer zog in eine Besenkammer – seine innere Wüste. Sex wollte ich da keinen mehr. Hannes war fürchterlich verliebt in mich, und ich habe ihn ein paar Mal dabei ertappt, wie er nachts im Dunkel in meinem Zimmer vor mir saß und zusah, wie ich schlief. Das mochte ich auch nicht.

Trotzdem wollten wir zusammen nach Marokko reisen, aber sie ließen Rainer, Hannes und Georg in Tanger nicht ins Land, weil sie zu lange Haare hatten. Da sie sich die Haare nicht schneiden lassen wollten, kehrten sie um.

Ich stand einen Schritt vor Marokko und brachte es einfach nicht fertig, umzukehren. Deshalb bin ich allein für ein paar Tage ins Land, um Haschisch und

Kleidung zu kaufen, was ziemlich todesmutig war. Mit den örtlichen Verkehrsmitteln und ohne die Landessprache zu sprechen, geschweige denn französisch.

Am Busbahnhof bot sich mir ein Kerl als Führer an und besorgte mir ein Hotel.

»Willst du mit mir schlafen?«, fragte er.

»Nö«, sagte ich. Und er ging, um am nächsten Tag wiederzukommen und mich durch die Basare zu führen. Am Abend stand er wieder in der Zimmertür.

»Willst du mit mir schlafen?«

»Nö.«

Lächelnd ging er wieder.

Ich habe mein Hasch bekommen und Superachtfilme von der untergehenden Sonne in einem Glas überirdisch guten Pfefferminztees gemacht, und nach einer Woche trafen wir uns alle auf Ibiza wieder, wo ich einen jungen Berliner kennenlernte, der mir gefiel.

Wir hatten unsere Bungalows nebeneinander, und abends ging ich mit zu ihm, während die anderen wegen der Hitze auf dem Dach schliefen. Wir haben die Nacht lang rumgemacht, bis ich plötzlich Rainers Kopf am Fenster entdeckte. Er hatte die ganze Zeit dort gestanden und uns beobachtet, er hatte einfach nicht wegschauen können. Danach sind wir auch aufs Dach, aber ich habe neben dem Berliner gelegen. Morgens wachte ich auf und sah Rainer allein auf unserem Dach sitzen.

In der *BILD*-Zeitung las ich am nächsten Tag, dass Mick Bianca geheiratet hatte.

Von Ibiza flog ich nach Rom und traf mich mit dem berühmten Regisseur von *Blow Up,* Antonioni, weil er die Fotos von mir und Francis Giacobetti gesehen hatte. Diese Fotos in Jeans und nackt mit Sonnenbrand waren die ersten wilden Sexfotos überhaupt, die nicht pussymäßig geschleckt wie im *Playboy* rüberkamen – und sie haben mich berühmt gemacht. Ich schaute genau in die Kamera, und meine Titties stachen wie zwei Waffen in die Linse. Im Vergleich zu den halb verschämten und verdeckten Pornografiefotos aus der Zeit waren diese Aufnahmen total kraftvoll und ein intensiver Ausdruck ihrer Zeit. Ich sah stark aus. Wie eine Angreiferin.

Ausgerechnet vor den Probeaufnahmen für den Film fiel mir eine Zahnbrücke raus – das sah link aus, und mit Antonioni traute ich mir sowieso keinen Film zu. Begeistert war er jedenfalls nicht von mir, aber Carlo Ponti bekam die Probeaufnahmen zu Gesicht und bestellte mich gleich nach Rom.

Ponti hatte schon einen ausgefüllten Zehnjahresvertrag vor sich auf dem Schreibtisch, als ich sein Büro betrat, ein Vertrag, nach dem ich jedes Jahr mehrere Filme hätte machen sollen, mit ihm und auch mit fremden Produktionen, an die er mich ausleihen wollte. Dazu berechtigte ihn der Vertrag. Ich war natürlich am Bauch gekitzelt und geschmeichelt, einen Vertrag von Ponti angeboten zu bekommen, aber dann merkte ich, dass ich gerade dabei war, mich zu verschachern. Ich hatte das Gefühl, heiraten zu müssen: Verkauft für zehn Jahre!

Ich bin gegangen, ohne zu unterschreiben, und habe auch nie wieder was von Ponti gehört.

Zurück in München, zog ich mit zwei Mädchen zusammen, aber wir nannten uns jetzt nicht mehr Kommune.

Rainer kam immer noch täglich wie ein armer Hund und brachte mir gepresste Apfelsäfte. Er schrieb mir die Rechnungen für meine Modeljobs und erledigte meinen Briefverkehr. Irgendwann sagte ich ihm, dass ich seine Dienste nicht mehr wolle. Er erwiderte, die wahre Liebe sei die, von der man sich nichts zurückerwarte – die, in der man nur gibt –, und ich ließ mir das gefallen, weil es sehr bequem war. Immer wenn ich etwas zu fragen hatte, kam er mit seinem Fahrrad an und die Treppe hoch. Aber eines Tages dachte ich mir, dass ich wirklich schlecht bin und dass ich ihn nicht länger so quälen könnte – zwischendrin hatten wir ja auch noch heftige Streits und endlose Diskussionen. Sein Nicht-loslassen-Können oder seine nicht zugegebene Eifersucht versuchte er mir hintenrum über ein anderes Thema reinzudrehen, und einmal hat er mich so gepiesackt, dass ich ihm eine runtergehauen habe. Dann habe ich ihm gesagt, er soll nicht mehr kommen. Ich war sehr brutal zu ihm, aber von selbst ist er einfach nicht gegangen. Selbst wenn ich nicht zu Hause war, saß er bei uns im Flur rum und wartete, bis ich kam. Er hat mich noch sehr geliebt, aber ich konnte nichts mehr mit ihm teilen. Meine Liebe war vorbei, alles wurde zur Belästigung, war umgekippt. Ich konnte gar nicht mehr sehen, was ich an ihm geliebt habe. Er war mir nur noch lästig, und das Kirpal-Singh-Zeug nervte mich. Aber weil Rainer in den höchsten Tönen von seinem Meister redete, ging ich einmal mit nach Stuttgart und traf Kirpal Singh dort in einem Hotel. Ich wollte auch erleuchtet sein und wartete, dass was passiert, dass das helle Licht erscheint, aber irgendwie war's nix. Der Typ ging ganz in Weiß mit langem Bart durch die Menschen, und ich sah die mir alle an – aber ich fühlte nix. Das ganze Ding war irgendwie *phony* – nicht der Typ, der hat sein Ding gemacht, er war auf seine Art ein Popstar –, nur die Anhänger um ihn herum. Manche von denen fingen an zu heulen.

Und so lebten Rainer und ich uns immer mehr auseinander, bis ich ihm eines Tages gesagt habe, er solle mir auch keinen Apfelsaft mehr bringen.

She's like Heroin to Me

8

Ich stürzte mich dann wieder ins Münchner Nachtleben, ins *Blow Up* und ins *Tiffany*, einen Nachtklub auf der Leopoldstraße, der zwei Schweizern gehörte und in dem es nach der Sperrstunde erst richtig losging.

Ich und die Mädchen aus der Sckellstraße – wir waren wie ein Harem – haben immer umsonst *Moët & Chandon* getrunken, und ich glaube, dass wir den Laden mit unseren Trinkgelagen schließlich fast ruiniert haben. Gegen acht oder neun Uhr morgens sind wir verschwitzt und verschmiert die Treppen hinauf auf die Leopoldstraße gekrochen, wie die Vampire unbarmherzig vom Tageslicht und den noch unbarmherzigeren Blicken der arbeitenden Bevölkerung getroffen, die uns nachsahen, wie wir in unseren durchsichtigen Kleidern nach Hause taumelten.

Ich war jetzt unentwegt auf einer Mischung aus *Qualuudes,* einem himmlischen Tranquilizer, und Champagner, und gewöhnlich reichte eine halbe *Qualuude,* um die hässlichen Alltäglichkeiten durch eine rosa Optik zu ersetzen. Besser gesagt: Ich war halb weg vom Fenster und bekam langsam Schwierigkeiten mit der Orientierung. Ich lief dauernd gegen Türen oder haute mich an Wänden an, und in dieser Zeit hob meine Karriere richtig ab.

Ich bekam mehr und mehr Angebote aus der ganzen Welt und wurde wirklich gut bezahlt – 1000 Mark für einen Tag Arbeit, das war viel Geld für ein Model damals. In New York hatte die Eileen-Ford-Agentur von mir gehört und wollte, dass ich mich vorstelle. Sie hatten meine Fotos in einem europäischen Magazin gesehen und die von Veruschka von Lehndorff. Sie war mein Vorbild, weil sie aus dem Fotomodelldasein von allen Frauen am meisten gemacht hat.

Sie hatte ihr ganz eigenes Konzept, selbst gestylt, selbst inszeniert, den ganzen Körper mit Pflanzen oder Tieren bemalt und machte damit die Fotografen sogar berühmt. Als ich zum ersten Mal nach New York kam, schrieb sie einen Brief an Ara Galant, einer Schlüsselfigur in der New Yorker Szene, und bat darum, lieb zu mir zu sein. Das hat es mir leichter gemacht, denn allein die Vibrationen der Stadt haben mich total durcheinandergebracht und umgehauen.

Ich wusste gar nicht mehr, was ich dort wollte.

»Hi, I'm Uuuschi.«

Die merkten schon am Akzent, dass ich aus Bayern war.

Ein Bekannter von Veruschka nahm mich mit aufs Empire State Building und erklärte mir die Stadt – dort liegt der Central Park, da Brooklyn. Dieser Überblick hat mir etwas geholfen.

Ich wohnte im Chelsea Hotel, wo auch James Baldwin, der Schriftsteller, William Burroughs, Viva aus der *Factory,* die Leute von Warhols Magazin *Interview* und ein paar Maler wohnten. Jeder besuchte jeden in seinem Apartment, und das Hotel hatte gerade eben noch etwas Literarisches, war aber schon dabei, herunterzukommen.

Mehr und mehr Drogenleute und zwielichtige Gestalten tauchten im Gefolge der Künstler auf, und als ich nachts einmal allein in mein Zimmer zurückkehrte, stand gerade jemand auf der Feuerleiter und versuchte bei mir einzusteigen.

Die berühmten Dinner von Ara Galant, die er in seiner Prachtwohnung an der *Upper East Side* mit chinesischem Koch abhielt, waren der Treffpunkt der Stadt. Dort lernte ich auch Jack Nicholson und Angelica Houston kennen. Nicholson grub mich an und beschwerte sich, dass Maria Schneider sein Haus verschmuddele, und er sagte, dass er mich an ihrer Stelle für *Der Reporter* wolle. Ich flog deswegen sogar noch einmal zu Probeaufnahmen nach Rom, wurde aber von der Maske so monstermäßig zurechtgemacht, dass ich keine Chance hatte.

Drei ganze Monate tigerte ich dann in einer Kuhherde von Models durch New York, zu *go and see's,* und zeigte meine Mappe.

Um in New York als Model rauszukommen, muss man sich wirklich etwas einfallen lassen und eine *Personality* werden. Unter den Massen von Mädels reicht es einfach nicht aus, nur gut auszuschauen – das tun sie alle.

Meine *Personality* bestand größtenteils darin, dass ich allein durch die bloße Existenz der Stadt schon überdreht war. Die kleine Uschi aus Bayern, die ihren Kopf gar nicht so weit hintergekriegt hat, wie die Häuser hoch waren. Ich habe mich noch nie in meinem Leben so einsam gefühlt, obwohl dauernd etwas los war. New York ist die Quintessenz von allein. Ich schoss mit meinem Bowler Hat und Netzstrümpfen und Minirock oder braunem Mini-Rock-Kostüm durch die Stadt wie aufgezogen. Meinen starken Akzent und meine Stimme brachte ich extra noch verstärkt heraus.

Jede Kleinigkeit, die mich ein wenig von den anderen unterschied, ließ ich besonders raushängen – es war ein ausgemachter Stress. Jeder stand jede Sekunde im Rampenlicht und auf den Zehenspitzen – einen dumpfen Moment konnte sich keiner erlauben. Ich konnte die Rolle dann einfach nicht mehr spielen und sah an anderen Models, wie sie zu den Personen wurden, die sie anfänglich gespielt hatten. Sie schnappten plötzlich über und wurden zu Kunstwesen, die sie auch blieben. Appolonia, eine Freundin, kam nie mehr auf einen normalen Punkt, ihr ganzes Leben wurde zu einem Auftritt.

Allerdings bekam ich gleich gute Jobs: das Cover von *Interview* und eine große *Vogue*-Story, in der sogar mein Name genannt wurde. Als die Sachen erschienen, also zu dem Punkt, als meine Karriere in den USA startete, reichte es mir längst mit New York, und ich haute ab. Ich konnte es einfach nicht mehr aushalten. Kurz vor meiner Abreise stand eines Morgens ein Riesenbouquet mit rosaroten Rosen im Foyer des Hotels. Sie stammten von Mick, der gehört hatte, dass ich gerade in New York war, und mich sehen wollte. Da hatte ich aber gerade meinen jungen

Puerto Ricaner Eddie, einen meiner Fehlgriffe. Doch er gefiel mir, weil er jung und exotisch war, und einen großen Schwanz hatte er auch – aber das hatte ich vorher nicht wissen können. Ich rief Mick an und sagte ihm, dass ich Eddie schon die Nacht versprochen hätte. Mick hat nur gelacht, der fand solche Sachen gut.

Abzuhauen, wenn die großen Aufträge kommen, ist der größte Fehler, den man als Model machen kann. Aber ich hatte Sehnsucht nach meinen Freunden, und als ich nach München zurückkam, habe ich mich gefreut. Allerdings hielt die Freude diesmal schon nicht mehr lange an, denn München hatte mir nicht mehr viel zu bieten. Nach New York wirkte es nur noch eng und beschränkt.

In dieser Situation lernte ich Burli kennen, einen totalen Highlife-Typen, der einen Jaguar nach dem anderen aufsetzte und Dopedealer war. Ein Hallodri mit Tigergang, dessen Mund mich an den von Mick erinnerte. Ich besuchte ihn an der Binnenalster in Hamburg in seiner Hanseatenvilla, wo er mit einer ehemaligen Hure wohnte, die gerade eine Affäre mit einer bekannten Hamburger Unternehmerin hatte. Burli war eben vom Heroin runter und total aus dem Häuschen, dass er mit mir sein konnte. Er vergötterte mich total. Ich war damals schon eine bekannte

Persönlichkeit, und deshalb schwebte er im siebten Himmel und wurde immer verrückter, immer wilder und verwegener, und weil er so happy war, fing er vor Glück wieder an, Heroin zu nehmen.

Burli hat mich nach Strich und Faden verwöhnt. Als ich von einem Job aus Brasilien zurückkam, erwartete er mich im teuersten Hotel von Paris.

»Du darfst das nie machen«, sagte er, ließ sich neben mich in die Polster fallen und setzte sich einen Schuss. Ich beobachtete, wie er nach hinten umfiel, und er erklärte mir, wie das Zeug wirkte, der *rush*, der durch die Adern zog, den ganzen Körper von innen ankochte und zum Prickeln brachte, und natürlich habe ich zehn Minuten später meine erste Linie Heroin geschnupft. Das war der Anfang einer langen Liebesgeschichte – mit dem Heroin.

Ich musste gleich kotzen, alles raus, was im Magen drin war, und dann wurde es richtig gut. So schön wattig. So wahnsinnig gut in allen Gliedern, geradezu orgasmatisch. Die ganz Haut prickelte wohlig warm, lüstern stieg es auf, und Liebe machen war nie so aberwitzig schön wie auf H. Als Droge finde ich Heroin am allerbesten. Die Haut ist viel sensibler, empfindlicher für Berührung, und alles läuft wie in Zeitlupe ab.

Aber Burli hatte irgendwo eine Scheune voller Haschisch stehen, und nachdem wir drei Monate zusammen waren, wurde er deswegen geschnappt. Das war der größte Dopebust, der bis dahin in Deutschland hochgegangen war.

Ausgerechnet in Mannheim fuhr er ein.

Dahin gab es nur ganz komische Zugverbindungen oder so kleine Flugzeuge, und ich bin nur ein oder zweimal in dieses spießige Mannheim – wie das schon aussah! Die Reihen von Arbeiterhäusern und diese Wärter, die sich vorkamen wie Gott mit ihrem Schlüssel in der Hand, und dieser elendige Klang von den Eisengittern, die hinter mir zufielen, und dann sah ich ihn in seiner blauen Knastkluft. Ich war schon verliebt und sehr traurig. Ich konnte es nicht mit ansehen. Also haben wir uns Briefe geschrieben.

Dann kam Mick wieder nach München, und unsere Affäre wurde jeden Tag in der Zeitung abgehandelt – ausgerechnet ich hatte Burli auch noch das Abonnement für unsere Affäre spendiert.

Der Arme las im Knast, wie meine Affäre mit Mick voranschritt, und rastete total aus. Zu meinem Geburtstag wollte er dann aus dem Gefängnis ausbrechen, um mich zu überraschen.

Weit kam er aber nicht. Er versteckte sich in der Dreckwäsche und kletterte über den Zaun, aber da blieb er irgendwie hängen und schaffte es nicht.

Das war vielleicht auch gut so, denn da war ich schon mit Bockhorn und mit Mick zusammen. Burli hat später noch Timothy Leary geholfen, als der sich auf der Flucht vor den amerikanischen Behörden in der Schweiz befand.

Meine Geschichte mit Mick musste von nun an ziemlich heimlich ablaufen, weil er mittlerweile ja verheiratet war. Die Münchner *AZ* schrieb allerdings über jeden Pups, den ich gelassen habe, und folgte uns auf Schritt und Tritt.

Mick und ich lebten in einem Hotel am Englischen Garten in München. Offiziell war er wegen der Olympiade gekommen, denn er ist ein totaler Sportfanatiker. Nach einer tollen Nacht schenkte er mir eine der ersten Digitaluhren. Ich war begeistert. Abends musste ich immer ganz leise ins Zimmer kommen, weil er gerade mit Bianca am Telefon war.

»Don't be so tarty!«, sagte er zu ihr, als sie vermutete, dass er mit mir war.

Am nächsten Morgen war dann das Massaker im Olympischen Dorf, und er hatte keinen Vorwand, länger zu bleiben.

Mitleid mit dem Teufel

9

Immer öfter fuhr ich nach Hamburg, um Fotos zu machen, und zwei Freunde, die unabhängig voneinander versuchten, mich anzugraben, erzählten mir von einem Typen namens Dieter Bockhorn. Die kamen mit immer härteren Storys, von Afrikaexpeditionen, Wasserskiläufen im Hamburger Hafen und was der Bockhorn generell für ein wilder Typ sei. Als ich große Ohren bekam, schalteten sie einen Gang runter. Plötzlich war er »ja eigentlich völlig pervers« und einer, der seine *Rolex* zwischen Kampffischen und Totenköpfen im Aquarium aufbewahrte. Mein Interesse war geweckt und schlief auch nicht wieder ein. Als mir jemand ein Foto von ihm zeigte, war ich allerdings enttäuscht: Von Mick Jagger war Bockhorn wirklich Lichtjahre entfernt. Außerdem hielt er sich sowieso gerade in Afrika auf, und sein Bild verblasste wieder. Als er aus Afrika zurück war, sah er Fotos von mir bei unserem gemeinsamen Freund Peter Wandrey an der Wand hängen.

»Wer is'n das Huhn da?«

»Entspann dich, Bockhorn, das ist die Uschi Obermaier. Die kriegst du nie.«

Das war für Bockhorn gerade das Stichwort. Er kaufte sich am nächsten Tag ein Ticket und ist nach München. Dort hatten wir einen gemeinsamen Bekannten. Der rief mich eines Abends an und sagte:

»Hier ist einer, der will dich kennenlernen.«

»Wer soll'n das sein?«

»Der Bockhorn.«

»Aaah, der kann gleich mal herkommen.«

Ich war gespannt.

Eine Stunde später stand Bockhorn vor der Tür. Ein schmaler, sehniger Typ in Lederjacke und Hunnenschnauzer mit irrwitzig lebendigen, blitzenden blauen Augen, den Charme auf Voll, und überreichte mir einen kleinen Raben mit einer Kerze drauf. Ich fand ihn auf Anhieb gut, ließ ihn rein und drehte eine Tüte. Wir rauchten und blödelten zusammen rum, und mir gefielen sein Humor und vor allem seine Offenheit; dabei merkte ich, dass hinter dem noch etwas ganz anderes steckte, etwas, das mich unruhig werden ließ, eine wilde Möglichkeit, und ich hätte nichts dagegen gehabt, sofort mit ihm zärtlich zu werden.

Zu der Zeit war ich allerdings auf einem neuen Trip: Ich wollte mit den Typen nicht mehr auf den Schlag ins Bett springen, sondern es mir ein bisschen spannender machen, deshalb sind wir nicht gleich in den Clinch gegangen.

Auf meinem Tisch lag ein Paket Tarotkarten.

»Ich leg dir mal unsere Geschichte«, sagte er.

Die letzte Karte war eine Frau mit verbundenen Augen auf einem Boot, in dem Schwerter stecken – eine traurige Karte. Ansonsten prophezeite er mir ein unheimlich farbenprächtiges und unterhaltsames Leben – natürlich an seiner Seite. Obwohl Bockhorn sich mit den Karten gar nicht auskannte, erfasste er sie doch gleich rein intuitiv.

Bockhorn war natürlich unangenehm überrascht, als ich ihn am Ende des Abends wegschickte und nicht mit ihm schlief, wie es eigentlich üblich gewesen wäre, und, wie ich später erfuhr, ging der Hundling an dem Abend auch gleich zu einer anderen. Ein paar Tage später musste ich beruflich nach Hamburg, und vor dem Flughafen stand er dann mit einem weißen *Mercedes* voller bunter Luftballons und dem Rücksitz voller roter Rosen. An die Scheiben hatte er Herzen geklebt, und auch die Kühlerhaube war voller Rosen. Ich war beeindruckt von seiner klaren Botschaft – subtile Andeutungen in Sachen Liebe waren eh nicht meine Stärke, und mit so einem Bahnhof war ich noch nie vom Flughafen abgeholt worden.

Vom Flughafen sind wir direkt in seinen Siebenzimmeraltbau mit Balkon in Eimsbüttel, und als ich die Wohnung sah, habe ich gewusst, das ist der Richtige.

Bockhorn wohnte in einer Mischung aus Kinderspielzimmer und Horrorkabinett. Zwischen Büsten, Musikboxen, Schädeln, Tierfellen standen wunderschöne Antiquitäten und Marihuanapflanzen – die Verbindung war ein perfekter Angriff auf alle Sinne. Nur als Begrüßungsmusik hatte er Neil Diamond gewählt. Da war ich anderes gewohnt. Seine goldene *Rolex* lag tatsächlich im Aquarium, neben den Totenköpfen.

Am Abend nahm er mich Arm in Arm mit auf den Kiez und stellte mir sein Revier vor. Die Schlepper grüßten ihn: »Hallo, Dieter!«, und küssten mir gleich die Hand. Wo immer wir auftauchten, wurde uns Champagner serviert. Im *Salambo* bekamen wir die besten Plätze. Für mich tat sich eine neue Welt auf, eine, die ich bis dahin romantisiert hatte, die Welt der Gesetzlosen und der *Outcasts*.

Bockhorn stellte mir einige aus der alten Generation der Kiezleute vor, Willy Schulz und Walter Staudinger, die imponierten mir. Wilfried Schulz gehörte zum Urgestein des Kiez und hatte nichts von den köterhaften Abstaubern seiner Nachfolger. Er hatte Stil und Klasse. Auf dem Kiez nannten sie ihn den König von St. Pauli, ihm gehörte das *Café Keese*, und er wohnte wie auf einem Set zu einem amerikanischen Ganovenfilm. Die ganze Wohnung war mit rotem Samt überzogen, die Ausstattung nur Plüsch und Gold. Nachgemachter Barock, aber schwere Möbel mit Goldauflage, rote Samtvorhänge mit Knick und Goldtroddeln, links und rechts dicke Barockengel und Putten in allen Ecken. Er mochte mich auch auf Anhieb. Ich wurde auf dem Kiez empfangen wie eine Prinzessin, und Bockhorn wollte gleich in einem Nachtklub auf die Bühne steigen und dort vor versammelter Mannschaft mit mir losmachen, um unseren Einstand zu geben. Ich merkte, dass ich bei Bockhorn mit dem Feuer spielte, und das war genau das, was ich wollte. In München hatte ich mich von der Ludenszene ferngehalten, die sich hinten im *Tiffany* an der Bar aufhielt. Mit den schmierigen Schmalspurhengsten wollte ich nichts zu tun haben. In Hamburg hatte die Sache gleich ein anderes Flair.

Bockhorn nahm mich mit in die Herbertstraße, obwohl sich normalerweise keine Frau dort sehen lassen durfte, die da nicht auch arbeitete. Aber an Bockhorns Seite waren solche Sachen kein Problem – die Huren kannten und begrüßten ihn. Die Leute auf dem Kiez mochten Bockhorn, und er folgte seiner intuitiven Psychologie – er war *streetsmart.*

Von Staudinger habe ich später gehört, dass die Luden den Bockhorn gar nicht ernst genommen haben, aber er hat viel Farbe in ihr graues Ludendasein gebracht, mit seiner Äffin auf der Schulter und seinen bunten Seidenjacken. Die Luden trugen ja alle brav ihre Anzüge. Durch mich als Freundin bekam er zusätzlich Power. Wieso kriegt der jetzt die?, fragten die Luden und wunderten sich. Da strahlte Bockhorn nur und hüllte sich in Schweigen.

Cheetah, seine Äffin, hatte ihr eigenes Zimmer, inklusive kleinem Bett und ein paar Sachen zum Anziehen: ein bayrisches Dirndl und Kopftücher. Darin sah der Affe aus wie eine verrückte Alte, und Bockhorn konnte sich vor Lachen beölen, wenn der Affe in dem Aufzug durch die Straßen raste oder in Nobelrestaurants im wahrsten Sinne des Wortes den Affen machte. Nachdem ich die erste Nacht bei Bockhorn verbracht hatte, roch ich allerdings den Braten: Cheetah wollte pünktlich morgens um sechs ihre Milch haben. Deshalb hämmerte sie mit ihren fleischigen Fäusten gegen die Schlafzimmertür, bis das ganze Haus zitterte und Bockhorn endlich aufstand, ihr Milch gab und sie neu wickelte. Danach kam sie mit ins Bett und legte sich zwischen uns. Bockhorn wollte mir gleich die Mutterpflichten an den Hals hängen, Flasche geben und wickeln, und ich wusste instinktiv, dass mir der Affe bleiben würde, wenn ich mich darauf einließ. Ich wollte ja noch nicht einmal ein Kind, geschweige denn einen Affen. Mit mir nicht, Junge!, dachte ich. Cheetah tobte frei in der Wohnung rum und konnte tun und lassen, was sie wollte. Wenn Besuch kam, suchte sie sich instinktiv den Schwächsten aus der Gruppe und fing an, ihn zu ärgern, riss ihm Haare aus, sprang ihm auf dem Kopf herum und verdrosch ihn. Das hat Bockhorn und den anderen Banditos Spaß gemacht. Bei Bockhorn hatte außer mir noch nie eine Frau gewohnt.

»Wenn bei mir eine mit der Zahnbürste auf der Matte steht, ist die Sache schon gelaufen«, war bis dahin seine Philosophie gewesen. Selbst seine feste Freundin, Engel, hatte nicht bei ihm übernachten dürfen, und so wurde ausgerechnet der Affe zu meiner ersten Rivalin und fing an, meine Kleider zu zerreißen.

Wenn sie ins Bett kam, klammerte sie sich scheinheilig an Bockhorn und trat mit den Füßen nach mir, bis ich von ihm abrückte. Außerdem wurde die Telefonrechnung immer höher, und Bockhorn erkundigte sich unwirsch, ob ich in seiner Abwesenheit etwa mit den Stones in Amerika redete. Nee, sagte ich und erwischte dann den Affen, wie er Nummern wählte und den Hörer einfach liegen ließ. Schließlich fing er an, mich zu beißen. Da habe ich Bockhorn vor die Wahl gestellt: entweder der Affe oder ich, und Bockhorn hat den Affen schweren Herzens an einen Freund verschenkt.

●

Jeden Tag musste ich aufs Neue meinen Freiraum gegenüber Bockhorn abstecken. Immer wieder versuchte er mich umzureißen und mich zu vereinnahmen. Nach dem Affen wollte er mich zunächst auf Haushaltspflichten dressieren und versuchte mir die Küche schmackhaft zu machen. Ich hatte bis dahin allerhöchstens eine Tasse Kaffee zubereitet, und Bockhorn war ratlos. Er war es nicht gewohnt, so Kontra von einer Alten zu kriegen. Die ganzen Frauen auf dem Kiez sah er nur als Hühner, und bei seinen Ludenfreunden waren eh »alles Fotzen außer Mutti«.

Bockhorn war der Ansicht, dass ihm sehr wohl andere Frauen, mir aber keine anderen Männer zustanden, und damals war das sogar ein gültiges Argument. Es wurde einfach nicht akzeptiert, dass eine Frau das gleiche Recht für sich in Anspruch nehmen konnte wie jeder Mann. Deswegen hat es von Anfang an zwischen uns Mord und Totschlag gegeben. Bockhorn wollte generell immer die ganze Hand und dann den Rest. Und ich wusste, wenn ich mir von dem das Kleinste gefallen ließe, wäre ich in kürzester Zeit ein

Fettfleck an der Wand. Da wär nix mehr von mir da gewesen.

Bockhorn kam aus einer Arbeiterfamilie in Stuttgart und hatte einen ähnlichen Hintergrund wie ich, obwohl mein Vater mir noch ein künstlerisches Element mit in die Wiege gelegt hatte. Bockhorns Vater war Nachtportier im Hotel und die Mutter Nörglerin.

Wir haben seine Familie einmal besucht, und selbst da war die Alte nur zugange: »Stell das da hin. Mach die Tür richtig zu.«

Bockhorn hat ihr vor meinen Augen schließlich den Mittagstisch in den Schoß geworfen, und ich habe mich freundlich verabschiedet.

Bockhorn hatte Kellner gelernt und schließlich in Bonn im *Palais Schaumburg* bei Adenauer serviert. Das galt wohl als die Krönung des Kellnerlebens. Nach einer Weile merkte er dann doch, dass es das für ihn nicht war. Er wollte mehr Geld und zog schließlich als Kellner durch Hamburg, bis er auf der Straße und auf dem Kiez genug gelernt hatte, um Ende der Fünfzigerjahre seinen ersten Laden – das *L'Amour* – auf der Reeperbahn aufmachen zu können.

Dort bot ihm eine Hure an, sich von ihm auf den Strich schicken zu lassen, und legte ihm als Einlage 33 000 Mark auf den Tisch.

»Geh, kauf dir einen *Sting Ray*«, sagte sie. Sie wusste, dass er den unbedingt wollte. Aber Bockhorn blieb ei-

sern. Die Presse hat Bockhorn oft als Luden dargestellt, aber er wusste, was das für ein mühseliges Ge-
schäft ist. Wie die jeden Tag vor ihren Weibern pous-
sieren müssen, damit die endlich ihre Ärsche aus den
Betten und auf die Straße schaffen.

»Da mach ich nur den Hampelmann für die Weiber«, erklärte er. »Das geht nicht nur mit Klopfe, sondern es wird was runtergesabbelt, vom Blauen, bis die
erst mal auf dem Strich sind. Das läuft nur über Liebe.
Meistens sind es auch noch die Freundinnen der Luden, und die Luden sind eifersüchtig auf ihre Huren.
Die müssen ihnen jeden Tag versichern, dass sie bei
den Freiern nichts empfinden. Nach dem Motto: ›Nur
bei dir tut's gut, mein Schatz, und wird empfunden.‹«

Die kleinen Luden haben ihre Nutten sogar geliebt.
Als einer von Bockhorns Ludenkumpeln von seiner
Freundin verlassen wurde, kriegte er danach nie wie-
der was auf die Beine, und in Wirklichkeit standen die
Luden, die er kannte, unter der Fuchtel der Nutten.
Über jedes Kleidungsstück, jeden Straps wussten sie
Bescheid und wurden sie gefragt. Erst wenn die Nut-
ten sehr nervten, gab's was auf die Glocke.

Zwischen dem Macho-Image und dem, womit die
Luden sich den ganzen Tag beschäftigen müssen, be-
steht eine Riesendiskrepanz, weil die Frauen von ihnen verlangen, dass sie total auf ihren Weiberkram
einsteigen.

»›Soll ich heute lila Strapse oder die grünen anziehen?‹ Da halt ich nicht drauf still«, sagte Bockhorn.

Weil er über eine ziemlich phänomenale Menschenkenntnis verfügte, machte Bockhorn für seine eigenen Läden den Schlepper. Anhand der Schuhe und der Kleidung eines Freiers wusste er in Sekundenschnelle, wen er vor sich hatte, was er für Kohle machte und wie er den in seiner kleinen Spelunke abziehen konnte, wo Mädchen die Leute mit gepanschtem Zeug besoffen machten und dann ausnahmen. Am *L'Amour* hat er so gut verdient, dass er schließlich noch das *Baby Doll* aufmachte und an den Wochenenden nach Paris flog und sich Pierre-Cardin-Anzüge schneidern ließ.

•

Gegenüber von Bockhorn lebte Paul Penner, ein Grafiker aus gutem Haus und mit erlesenem Geschmack. Penner hat Bockhorn quasi in die Lehre genommen und ihm Stil beigebracht. Durch ihn kam Bockhorn auch darauf, Hasch zu rauchen, was einen ersten Bruch mit dem Kiez darstellte, denn da wurde damals nur gesoffen. Hasch war Hippiezeug. Genau wie sie sich über die Beatles mit ihren Frisuren höchstens totgelacht haben. Hinterher wollten die Kiezleute allerdings immer die Ersten gewesen sein. Das ganze Zuhältermilieu kam mir bald wie ein sehr klein kariertes enges Feld vor, das nur von draußen so wirkte, als ob da was abginge. In Wirklichkeit standen die auf Rolex, Anzug, Auto – Spießerkram.

Als Bockhorn Penner kennenlernte, flogen die Anzüge als zu schundig raus. Penner war Antiquitätenhändler mit Kunstverständnis, und die beiden verbrachten wochenlang die Nächte miteinander, in denen Bockhorn sich von Penner Kultur beibringen ließ: Bücher, Künstler, Stilepochen, Einrichtungen. Bockhorn war offen für alle Leute und merkte, dass der Kiez nicht seine Endstation war und er mehr von der Welt wollte.

Dieser Freundschaftsdienst von Penner hinderte Bockhorn allerdings nicht daran, mit dessen Freundin zu schlafen, wenn Penner nicht da war. Was Frauen anging, war Bockhorn gnadenlos. Selbst seinen besten Freunden hat er die Freundinnen ausgespannt. Das war für ihn ein Sport. Mit Bockhorn wurde ich zur Barbarin. In unserer Beziehung war mehr Leben als im Leben mit Rainer, und ich wollte alles selbst erleben, hautnah, am eigenen Leib. Bücher, Filme, das ganze Leben aus zweiter Hand langweilte mich nicht nur, ich hatte auch gar nicht das Gefühl, dass ich gemeint war. Nach Rainer wollte ich einen wilden Mann. Ich war von Kind auf ja verängstigt und brauchte einen Mann, der mir zeigte, wie man Dinge anfasst und erledigt, und einen, der mich aus meinen

Ängsten herausholte. Bockhorn nahm mich an die Hand und ging mit mir auf die Dinge zu, vor denen ich Angst hatte.

»Bleib stehen und schau's dir an. Dann verlierst du die Angst«, sagte er.

Er war offen und unwahrscheinlich großzügig, und jede Minute mit ihm empfand ich als ungeheuer intensiv. Selbst wenn ich mit dem über eine Wiese ging – was er da an Ameisen sah und was die wieder abschleppten … Bockhorn hatte Adleraugen. Er war ein ganz merkwürdiger, einzigartiger Typ. So Macho er auch gewesen sein mochte, konnte er wunderschöne Blumenbouquets stecken, liebte Spitzendecken und kochte besser als jede Frau. Sein Gang hatte etwas Tänzelndes, Schwules, aber die effeminierten Männer habe ich immer lieber gemocht. Da kam ich eher an den Kern, und sie verstanden letztendlich mehr. Manchmal empfand ich mich ja selbst als männlich, richtig als Kerl.

Weil Bockhorn seine beiden Läden auf dem Kiez verpachtet hatte, hingen bald Tag und Nacht haufenweise Leute bei uns zu Hause rum. Bockhorn zog Leute an wie ein Magnet, aber allmählich wurde es teuer, und wir waren gerade noch in der Lage, allein zu schlafen – dann stand schon die nächste Schicht auf der Matte. Auf einer Spritztour entdeckte Bockhorn in Elmsbüttel am Weidenstieg eine leer stehende

Drogerie. Innerhalb von zwei Tagen hatte er sie gemietet und richtete dort das *Galerie-Café Adler* ein, eine Mischung aus Frühstückscafé und Galerie, das von der Einrichtung eine direkte Fortsetzung seines Wohnzimmers war. Unter der Decke hingen mechanische Adler, so nannte er Flugzeuge. Bockhorn liebte Adler. Damit identifizierte er sich. Das war sein Wappentier, und wenn sich jemand beliebt bei Bockhorn machen wollte, schenkte er ihm ein Flugzeug. Die Flagge des Cafés klemmte er sich nachts von einer Reederei an der Innenalster. Wo deren Adler allerdings die sieben Pfeile und Lorbeeren in den Krallen hielt, war es bei uns statt des Lorbeers eine Kralle voller Marihuanapflanzen. Der Laden hob in kürzester Zeit ab und wurde zu dem Treffpunkt in Hamburg. Bereits zum Frühstück konnte man dort die ganze Skala vom Luden bis zum Bürgermeister antreffen. Obwohl Bockhorn keine Konzession für Alkohol hatte, schenkte er gleich von Anfang an aus. Künstler stellten aus, meistens malende Freunde von ihm, und die Plattenfirmen entdeckten es als hippe Location für Pressepartys für Alvin Stardust und später die Boomtown Rats.

Bockhorn war ein starker Symboliker, das hatte ich schon am ersten Abend gemerkt, als er mir die Tarotkarten gelegt hatte, und wenn er die richtige Sprache gehabt hätte, dann wäre er ein guter Aktions- oder Performancekünstler geworden. Eine von seinen eigenen Installationen nannte er »Aggression«. Dazu fuhr er in der Nähe von Hamburg in den Wald, »vergewaltigte« ein williges Mädchen und riss ihm die Kleider runter, während seine Freunde das fotografierten. Der Schlüpfer und das Laub hingen dann im *Adler* an der Wand. Ein anderes Mal wollte er das Land in die Stadt holen und legte den Laden mit Stroh aus und stellte Kuhscheiße in Bonbongläsern auf die Tische. Da kam allerdings nach zwei Tagen das Gesundheitsamt und sagte, das gehe nicht – Heu und Scheiße müssten raus. Bockhorn war wirklich unermüdlich, wenn es darum ging, etwas aufzureißen und für Action zu sorgen, und mir war das total recht, weil ich mich allein oft langweilte.

Einmal hatte er sich vollgeknallt und ging hoch zur Kriminalpolizei, um Aufklärungsmaterial gegen Drogen zu besorgen. Er kehrte mit großen Schaukästen zurück, die zur Belustigung der Banditen kleine Proben von rotem Libanesen, schwarzem Afghanen, grünem Türken, Kokain und Heroin enthielten. Dieses Zeug vor all den Drogenköpfen im *Adler* auszustellen, war natürlich ein Witz.

Sonntags hat Bockhorn Gottesdienste veranstaltet, eine Kanzel aufgestellt und verschiedene Pfarrer eingeladen, um Reden zu halten. Die Luden haben alle brav dagesessen und sich die Predigten mit gefalteten Händen angehört. Zwischendurch gab es einen Abstecher zum Büfett, das er mit Totenköpfen, Dolchen und Rosen geschmückt hatte.

•

Im *Adler* lernten wir beide den Psychologen Halko Weiss kennen, der Bockhorn und mich über die Jahre zusammengehalten hat. Ohne seine Beratung hätten wir vermutlich kein halbes Jahr miteinander durchgehalten. Bockhorn war ja an Frauen gewöhnt, die er total unter dem Daumen haben konnte, und ich war einem solchen Macho und seinen unwahrscheinlichen Ausbrüchen von Kreativität und Spontaneität am Anfang einfach nicht gewachsen. Zudem verstanden wir uns im wahrsten Sinne des Wortes nicht. Halko saß nächtelang mit uns zusammen und fungierte als Übersetzer. Er war sehr feinfühlig und sensibel und verstand beide Seiten, die weibliche und die männliche. Mit seiner Hilfe fanden wir endlich heraus, dass wir oft das Gleiche meinten, aber tatsächlich verschiedene Sprachen sprachen.

Bockhorn und ich haben unsere Messerwetzereien allerdings insgeheim genossen. Nur der arme Halko, der zwischen uns saß, kriegte alles ab.

Das *Adler* entwickelte sich zur Goldgrube, und das war auch gut so, denn wir brauchten beide viel Geld, weil wir uns jeder einen Heroinaffen (Slang für Sucht) zugelegt hatten, der mittlerweile einiges verbrauchte, und Bockhorn generell sehr großzügig war. Im *Adler* konnte man alles kaufen, was sich auch bald in der Stadt herumgesprochen hatte und ab und an auch Prominente wie Rudolf Augstein anzog, dem Bockhorn einen Joint in der Rechnung über den Tisch schob. Klose war auch da, der wollte aber nicht rauchen. Die *SPD* war überhaupt ziemlich gut vertreten bei uns.

●

Derweil ging meine Modelkarriere weiter, und ich war froh, ab und an aus Hamburg herauszukommen.

Mit Sylvie Winter hatte ich einen Job zusammen mit Omar Sharif, der meinte, uns mit seinen Samtaugen nachsteigen zu können. Aber mir war er zu alt. Auf dem Rückweg machten wir Rast in Paris. Als ich um drei Uhr nachts vom Essen zurückkam, klingelte das Telefon: jemand mit englischem Akzent.

»Hi, Mick!«, rief ich erfreut.

»Ne, ne. Hier ist Keith.«

Die Stones waren auf Tour, und Keith wollte mich gleich am nächsten Tag sehen. Ich erklärte ihm, dass ich gerade jemanden kennengelernt hatte und ihn erst in einer Woche in München treffen könnte, und Keith war einverstanden.

Eine Woche später rief Mick aus der Schweiz in München an.

Er hatte vor, noch in derselben Nacht mit dem Auto nach München zu kommen, um sich mit mir zu treffen, weil am nächsten Tag seine Frau Bianca einflog. Mir war das auch recht. Fünf Minuten später war Keith allerdings in der Leitung und machte den gleichen Vorschlag.

»Äh, das geht jetzt nicht, der Mick kommt schon, und so.«

»Mick? Das erledige ich«, sagte er und legte auf.

Um vier Uhr nachts klingelte es schließlich unten an der Tür meiner Wohnung in der Ismaninger Straße, und Mick Jagger stand vor der Tür. Ich ließ ihn rein, und wir hatten kaum Zeit für einen Begrüßungskuss, als Keith auftauchte.

Wir haben gelacht und erst mal ein paar Joints geraucht und Musik gehört.

Als Mick auf die Toilette ging, sagte Keith: »Schick den doch endlich weg.«

Ich fand sie beide gut und konnte mich nicht entscheiden, mit wem ich die Nacht verbringen wollte. Das habe ich ihnen auch gesagt. Unterdessen rauchten wir eine Tüte nach der anderen, und draußen wurde es langsam hell.

»Jagger, du Fotze, gehst jetzt«, sagte Keith schließlich entschieden.

Mick erklärte, dass er die älteren Rechte habe und Keith ja noch überhaupt nichts mit mir hätte.

»Außerdem kommt morgen Bianca.« Schließlich ist Keith abgezogen. Ich brachte ihn an die Tür, küsste ihn lange und verabredete mich für den nächsten Abend mit ihm, um mit ihm zur Stones-Presseparty außerhalb von München zu gehen. Er holte mich am nächsten Abend ab. Auf dem Weg dorthin verfuhr er sich mit seinem Ferrari, und als er an einem Taxistand anhielt und ausstieg, um nach dem Weg zu fragen, rollte der Fahrer bei seinem Anblick kommentarlos das Fenster hoch und starrte stur geradeaus. Als ich dann aus dem Ferrari stieg, gingen die Fenster wieder runter.

Keith hasste Partys, und so verschwanden wir bald danach im Hotel, und als ich drei Tage später wieder in Hamburg einschwebte, da hatte ich drei Männer. Mick, Dieter und Keith. *High times.*

Bockhorn hatte unterdessen etwas mit seiner alten Freundin Engel gehabt. Er unternahm einen halbherzigen Versuch, mich auch so zu nennen, aber nachdem ich ihm sagte, was er mit den Kosenamen seiner abgelegten Hühner machen könne, nannte er mich nur noch Hexe. Das hat mir auch viel besser gefallen.

Eines Tages befand Bockhorn, dass ich nicht gut genug in der Kunst des Schwanzlutschens sei und deshalb Unterricht nehmen müsse. Angie werde mir das beibringen. Was Bockhorns Frauen sich von ihm haben bieten lassen, geht auf keine Kuhhaut. Also kam sie eines sonnigen Tages bei uns in der Wohnung vorbei und zeigte mir an Bockhorns Schwanz, wie man richtig lutscht: »Da musste die Haut so vorziehen, und ganz langsam mit der Zunge über die Spitze und die Haut wieder runterziehen, so schön im Rhythmus«, erklärte Bockhorn, während sie zwischen seinen Beinen lag und seinen Schwanz in der Hand hielt. Wir haben beide lachen müssen, aber ich habe aufmerksam zugeschaut und mir gemerkt, was ich sah.

Als Bockhorn noch in Afrika war, hatte Angie ihm per Post ihre sexuellen Abenteuer senden müssen. »Eigentlich habe ich ja keine Lust auf andere Männer«, hat sie immer geschrieben, »aber damit du mit mir zufrieden bist, habe ich mich mit Ole getroffen, und der hat mich von …« Bockhorn und seine Kiezfreunde haben sich ihre Freundinnen ohne Weiteres geteilt, aber mir waren seine Freunde nicht gut genug. Deshalb hatte ich keine Lust.

Angie hoffte, ich würde bald wieder verschwinden, aber als ich einzog, merkte sie, dass sie abstieg, und in einem Anfall von Verzweiflung ließ sie sich die Brüste machen, weil Bockhorn nun mal auf große Titten stand. Bockhorn erklärte mir kopfschüttelnd, dass das der größte Fehler war, den sie hatte machen können. Das künstliche Zeug mochte er nicht mal anfassen. Sie ging dann mit Bockhorns Segen zu einem seiner Lu-

Die erste Fotosession im Garten meiner Eltern

Auf dem Starnberger
See, 1958

Nach meiner
ersten
Afrikareise

Erste
Model-
versuche

Pin-up für die englische *Nova*, Äquivalent zur deutschen *Twen*

1969: Die Mutter der Kommunen und menschliche Schnittstelle zu allem, was in Deutschland einen schlechten Ruf und einen guten Namen hatte.

Die berühmte K1 von hinten (1967; retuschierte Aufnahme).
Links Dieter Kunzelmann, 5. von links Rainer Langhans. Sie wollten eine polizeiliche Durchsuchungsaktion darstellen. Ohne mich.

Cover von Andy Warhols Magazin *Interview*, 1973

Lagebesprechung mit einem indischen Sadu vor unserem Zelt am Strand von Goa, 1976

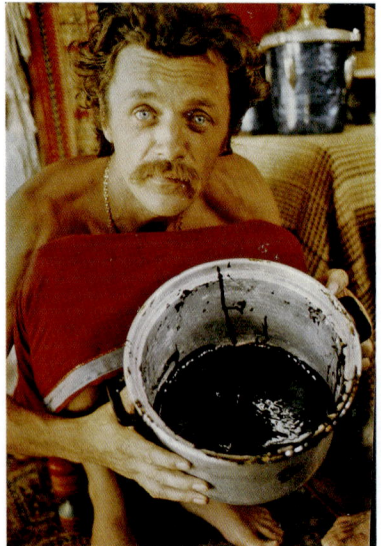

Bockhorn in Kaschmir mit seinem Opiumeimer – immer halb voll – nicht halb leer – und entsprechenden Pupillen

Der Bus von innen

Unser Bus

Happy together …

Verliebt auf Ibiza

Mein Gedenkaltar an Bockhorns Unfallstelle. Heute führt ein Highway darüber.

Schmuck mit
Elfenbein-
schnitzerei
von mir

Zwei Stücke
aus meiner
Schmucklinie

denfreunde und ließ sich von dem auf den Strich schicken. Ich habe mich immer gewundert, wie schnell die Mädchen in Hamburg auf den Strich gehen. Selbst die aus guten Häusern – einmal keine Kohle, stehen sie an der Wand. Es gibt anscheinend nichts anderes. In München ist man zum Film gegangen.

Dass Bockhorn noch andere Frauen neben mir hatte, hat mich nicht wirklich gestört.

»Alter, ich will die Wahrheit drin haben«, habe ich ihm allerdings gesagt. »Wir können alles machen, aber wir müssen uns die Wahrheit sagen.«

Ich kenne keinen anderen Weg, mir eine Beziehung aufzubauen, und mit der schlimmsten Wahrheit kann ich besser umgehen als mit einer Lüge – weil Leute, die die Wahrheit wissen, Macht über mich bekommen. Der Bockhorn war ein ziemlicher Voyeur und hat gern zugeguckt. Wir bestellten einmal auch eine männliche Hure, die mit mir schlafen sollte, und ich sagte zu Bockhorn: »Ich kann den nicht angucken. Wenn mir irgendeine Kleinigkeit an dem nicht gefällt, ist alles vorbei!«

»Okay, ich verbinde dir die Augen«, sagte Bockhorn. Und dann ging er selbst mit mir ins Bett. Das war aufregend und gut. Ich war ja bereit, Sachen auszuprobieren – ich wollte den Thrill zwischen uns erhalten.

Meine Beziehung mit Keith hat Bockhorn allerdings genervt. Ich merkte auch, dass mit Keith eine richtige Liebe begann. Dabei hatte er eigentlich nur Mick eins auswischen wollen. Solche Spiele trieben die beiden am laufenden Band.

Mir war Keith von Anfang an sympathisch. Er stammte aus einfachen Verhältnissen wie ich, und wir verstanden uns auf Anhieb total. Für mich war er allerdings tabu gewesen, weil er immer nur mit Anita Pallenberg zusammensteckte und bei den Stones-Partys eigentlich nie zu sehen war, sondern sich immer in seinem Hotelzimmer einschloss. Mir wurde schnell klar, dass der Schlüssel zu dieser zurückgezogenen Existenz Heroin war und dass er und Anita sich in ihrer Suite verschanzt und geschossen haben. Deshalb war er auch nicht an Partys interessiert.

Keith und ich haben eigentlich auch nur im Bett und im Klo gelebt. Auf dem Klo hat er sich immer seine Schüsse gesetzt, aber ich habe nur geschnupft. Ich habe es nie fertiggebracht, mir eine Nadel ins eigene Fleisch zu rammen, selbst nicht, als ich begonnen habe, Heroin grammweise zu verkonsumieren.

Seltsamerweise war Keith imstande, auch auf *Smack* noch sexuell aktiv zu werden, und für mich war Heroin die sexuellste Droge überhaupt.

Als die Stones für Plattenaufnahmen eine Weile in München blieben, pendelte ich zwischen Keith und Bockhorn hin und her. Gelegentlich flog ich auch nach London und traf dort Keith. Zusammen verbrachten wir ein Wochenende auf *The Wick,* dem Haus von Ronnie Wood außerhalb Londons. Dort wohnte Keith, weil die Polizei sein eigenes Haus observierte und er mal Ruhe hatte. Mit dabei waren Eric Clapton und George Harrison, der mich auf sein Schloss einlud, ein ehemaliges Kloster. Harrison war schlecht drauf, weil seine Frau Pattie Boyd gerade eine Affäre mit Ron Wood angefangen hatte, dessen Frau mit Eric Clapton rummachte.

Harrison lebte in einem Märchenland mit unterirdischem Gang, der unter seinen eigenen See in eine illuminierte Tropfsteinhöhle führte. George hätte gern mit mir was angefangen, aber zwischen uns hat es nicht gefunkt. Er war schon auf dem *Hare-Krishna-*Trip und sehr bei sich, was sich mit einer Affäre nicht verbinden ließ. Außerdem hatte ich das Gefühl, dass er eigentlich nur vorhatte, sich bei seiner Frau zu rächen, und da stand ich nicht drauf.

Immer wenn ich wieder in Hamburg landete, schlug Bockhorn Krach. Er konnte sich schlecht daran gewöhnen, dass ich selbstständig war und im Gegensatz zu ihm mittlerweile auch einen Namen hatte. Seine ganzen Freundinnen konnten nicht gegen mich an, was ihn natürlich gewurmt hat – aber mit Keith Richards konnten sie nun mal nicht konkurrieren.

»Mir machen die Stones Spaß, und die lasse ich mir auch nicht nehmen von dir.«

Ich wusste, dass ich zur gleichen Zeit mehrere lieben konnte, und das war mal so eine Sternstunde in meinem Leben, die ich mir durch seine Eifersucht nicht zerstören lassen wollte.

Und Keith Richards wollte mich.

Er wollte, dass ich mit ihm auf Tour ging. Aber ich wusste, dass das Leben mit Bockhorn einfach interessanter werden würde: Bei den Stones kam an erster Stelle die Musik, an zweiter ebenfalls und an dritter auch, und dann kamen die Frauen. Alles, was ich zu diesem aufregenden Zirkus beitragen konnte, war, dass ich schöne Joints rollte. Allein diese endlosen Studiotage! Die ersten paar Male war es ja noch interessant, aber mir wurde das endlose Wiederholen der Stücke einfach langweilig, mochten sie noch so gut sein. So saß ich im Regieraum rum, hab mir die Nase mit Koks vollgehauen und zugeschaut – wollte aber eigentlich, dass Keith endlich seine Gitarre einpackt und mit mir mitkommt.

Trotzdem ging ich mit den Stones auf Europatour, und Bockhorn wusste das. Er kriegte zur selben Zeit Besuch von Pater Bajan, der Pygmäen in Zentralafrika betreute und Dieter einen Brief geschrieben hatte:

»Lieber Dieter, bitte schick uns doch so einen Bus, wie du ihn hast. Wir brauchen einen Wagen, um das Fleisch, die Felle und die Waren in die Stadt zu fahren.«

Der Pater hatte den Bus, mit dem Bockhorn in Afrika gewesen war, in einer Zeitung gesehen. Und für Bockhorn war es Ehrensache, dass er etwas unternahm, um dem Mann zu helfen. Natürlich hatte er kein Geld für einen Bus, deshalb ging er zu *Schwann-Stabilo* und ließ sich fünfzig Malkästen geben, die er den Pygmäenkindern zuschickte. Die machten dann Zeichnungen von ihrer Umwelt und schickten die wieder zurück. Im Café *Adler* veranstaltete Bockhorn eine Ausstellung und versteigerte die Bilder. Mit dem Erlös kriegte er tatsächlich so viel Geld zusammen, dass er einen gebrauchten VW-Bus über die Mission nach Afrika schicken konnte.

Jedenfalls sollte ich die Stones in Brüssel treffen, als ich gerade von einem Shoot mit Helmut Newton aus Paris kam. Newton hat mich immer tierisch gequält. Er war dafür bekannt, seine Models unter Hochspannung zu setzen: ein paar Stunden auf einer Zehe zu stehen und dabei die ganze Zeit zu lachen, so fing's meistens an. Dann bekam ich noch ein Champagnerglas in die Hand, das ich auf Kommando in hohem Bogen auskippen musste, weil er den Schwung mit auf dem Bild haben wollte. Als Frau fühlte ich mich von Newton regelrecht degradiert – jeder Muskel musste angespannt sein und verrenkt; kurz vor Krämpfen, ließ er mich eine Ewigkeit auf Dreißig-Zentimeter-Absätzen stehen, und da fing für ihn erst der interessante Teil der Arbeit an. Frauen waren allesamt Monster bei ihm – amerikanische Zahnmonster.

Als ich in Brüssel im Hotel ankam, waren weder Mick noch Keith dort angemeldet. Ich versuchte es mit ihren Pseudonymen, Mick hieß inkognito Mr. Michael Benz und Keith Mr. Dino Ferrari. Vergeblich. Auch von den anderen Stones wusste man an der Rezeption angeblich nichts.

Also rief ich in Hamburg an und kündigte meine Rückkehr an, und Bockhorn freute sich wie ein Schneekönig. Er wollte noch eben schnell nach Köln, um den Pygmäen-Pater zu treffen, und dann den Abend mit mir verbringen; ich sollte auf ihn warten.

Ich war kaum über die Schwelle, als das Telefon klingelte.

Es war Keith.

Die Stones waren aus ihrem Hotel geschmissen worden, und ich sollte kommen. Bockhorns Freund Mevi, der in Bockhorns Wohnung auf mich wartete, sagte mir, dass Keith schon die ganze Zeit angerufen hätte. Bockhorn hatte die ganze Wohnung voller Blumen gestellt und Essen eingekauft.

Keith wollte, dass ich nach Brüssel komme, und ich wollte auch sofort wieder los. Es gingen aber keine Flüge mehr. Über seine Schallplattenfirma versuchte Keith ein Flugzeug zu chartern, was auch endlich klappte, dann war aber kein Pilot mehr aufzutreiben, der den Flug übernommen hätte. Zwischendurch rief Bockhorn an, und ich hörte Mevi sagen: »Ich glaube, die will wieder abhauen.«

»Bloß dabehalten!«, rief Bockhorn. »Ich bin in zwei Stunden zurück.«

Schließlich traf eine *Mercedes*limousine mit Chauffeur ein, und Mevi versuchte alles, um mich dazubehalten. »Ich krieg die Ohren voll, wenn du nicht hierbleibst.«

Der Arme.

Durch die Vollmondnacht rauschte die Limousine dann nach Brüssel durch, wo Keith ein japanisches Hotel mit Riesenbadewannen reserviert hatte. Meine Freundin Specki hatte er auch schon einfliegen lassen, damit ich mich wohlfühlte und nicht allein war. Specki hing schon über der Kloschüssel, der ging es sauschlecht, weil sie Heroin genommen hatte und das nicht vertrug. Die kotzte für Tage und erlebte leider sonst nichts.

Ich war in Hamburg kaum zur Tür raus, da kam Bockhorn zurück und räumte zwischen den Blumen und dem Essen auf. Mevi hatte Angst, dass er was abbekam, aber Bockhorn sah ein, dass Mevi mich auch nicht hätte halten können. Und so begleitete ich die Stones durch Europa.

Welcome to the Machine

10

Keith reist immer mit mehreren Schrankkoffern, in denen die Utensilien zur Inneneinrichtung der Hotelzimmer aufbewahrt werden. Zunächst verhängt er die Lampen und Wände mit marokkanischen Tüchern, damit das Licht auf erträgliche Stärke gedämpft wird. Dann kommen die Räucherstäbchen und Tabletts mit den Drogenutensilien, die Pfeifen und bunten Decken fürs Bett und die Einrichtungsgegenstände.

Keith hatte immer seinen Revolver dabei, und in einer mit rotem Samt ausgeschlagenen Holzschatulle inklusive Kugeln auf seinem Nachttisch stand eine alte Fotografie von der Blueslegende Robert Johnson und seinen Spinnenfingern. Johnson, so ging die Legende, hatte seine Seele für ein paar Songs und die Kunst, Gitarre zu spielen, dem Teufel verkauft. Keith und ich wurden nachmittags gegen fünf von Keith' Kindermädchen George, einem DJ aus München, geweckt. Frühstück bestand immer aus Kaviar und Champagner – in meinem Fall Apfelsaft, einer Linie Heroin und einem Joint. Keith verschwand im Bad, um sich einen Druck zu setzen, was ich auf nüchternen Magen nicht unbedingt sehen wollte.

In Keith' Badezimmer stand seine Batterie von Parfüms. Auf Wasser ist man als Heroinabhängiger nicht mehr sehr scharf, und wenn er sich die Haare waschen musste, dann drückte er sich eine Zitrone auf dem Kopf aus, die zusätzlich dafür sorgte, dass seine Haare hochstanden und sich so frisieren ließen, wie er wollte, und nicht fetteten. In kürzester Zeit waren wir so voll auf Zack.

Dann ging es direkt zum Soundcheck, wo schon die Groupies auf ihn warteten – aber neben Keith war ich *Queen*. *Backstage* war der Treffpunkt und Kontaktzentrale der jeweiligen Stadt, und in jeder Stadt hatten die Stones Dealer, die stolz darauf waren, die

Stones beliefern zu können, und die darauf bestanden, das Zeug auch persönlich bei Keith abzuliefern. Ein Freund, der als Entrepreneur mit Blitzlichtern und zwielichtigen Geschäften zu Geld gekommen war, begleitete die Band auf eigene Kosten und hatte eine Verbindung zu einem Pharmakonzern, von wo er klinisch reines Kokain vom Feinsten besorgte. Er stammte eigentlich aus Ungarn und ließ sich keine der Touren entgehen.

In München war unser Hang-out nach den Shows das *Trader Vics,* wo wir mit der ganzen Entourage einliefen und Tische voller Essen bestellten. Keith und ich waren allerdings oft so auf *Smack,* dass wir nur ein bisschen an den Rippchen knabberten und ansonsten über unseren Tellern noddeten. Danach ging es zurück ins Hotel, und da fingen die Partys erst richtig an – natürlich immer in Keith' Zimmer, weil Bianca die Suite von Mick belegte und Mick zum Schnorren bei uns ankam. Dann spielten die Stones zusammen, probierten neue *licks* und *coverten* Songs von anderen, wie »Driftaway« von Doobie Gray:

> *Give me the beat boys to free my soul.*
> *I wanna get lost in your Rock 'n' Roll.*

Die Partys liefen gnadenlos bis acht oder neun Uhr morgens – ein Überfluss an Drogen, Menschen und

Musik, den Keith ohne Schwierigkeiten tagelang überstehen konnte. Ich war nach einer, spätestens zwei Nächten am Rand eines Nervenzusammenbruchs und verschanzte mich in einem der anderen Zimmer, um zu schlafen.

Wenn der Stones-Zirkus in eine Stadt kam, dann vibrierte die ganze Luft. Das Flair der Band war fast wie das einer kleinen Armee, die eine Stellung im Sturm nahm. Ich habe jedes Konzert vor der Bühne erlebt. Dort war die Energie am rauesten und ursprünglichsten, und der Adrenalinrausch von Zehntausenden traf mich in den Rücken. In diesen Momenten war ich tierisch stolz auf Keith und fing an, mich mit dem Zirkus zu identifizieren und zu glauben, dass ich tatsächlich ein Teil der Rolling Stones war.

Das letzte Konzert der Tour fand in Berlin in der Waldbühne statt und die Abschlussparty im *Schlosshotel,* einer Nobelabsteige außerhalb der Stadt.

Als wir ankamen, standen schon die Frauen vor dem Hotel und fingen an, sich auszuziehen, und die Frau von Charlie Watts flippte aus und rannte heulend von einem Zimmer ins andere.

Keith und ich schoben gleich die ganzen altdeutschen Möbel auf den Flur und rissen die Telefonkabel aus der Wand.

Nackte Weiber versuchten auch, sich an die Stones ranzuschmeißen, als wir das Hotel verließen, und Bianca war die ganze Zeit sauer, weil ich überhaupt mit von der Partie war, und lief mit Leichenbittermiene und Gehstock durch die Gegend, weil ich außerdem noch ein paar Federboas von Keith bekommen hatte, die am Vorabend auf die Bühne geflogen waren.

Wenn sich in Biancas Nähe ein einziges weibliches Lebewesen aufhielt, das keinen Buckel hatte, war der Tag für sie gegessen, und sie machte allen das Leben zur Hölle. Ich beneidete sie nicht, denn Mick wurde wirklich von jeder Frau angegraben, und sie konnte ihm nicht trauen. Wir ignorierten uns total.

Irgendwann ist sie auf Keith zu und hat gesagt: »Jetzt gib zu, dass ich die schönste Frau der Welt bin.« Das meinte sie ernst.

Keith sagte: »Okay, ich geb's zu. Aber nur, wenn du zugibst, dass ich der schönste Mann der Welt bin.« Da rauschte sie gleich wieder ab.

Das Abschlussfest artete fast in eine Orgie aus, weil immer mehr Frauen beschlossen, sich zu entkleiden. Niemand von uns verstand, was die Frauen sich davon versprachen, sich nackend auszuziehen und die Titties herzuzeigen. Vielleicht waren das die instinktiven Urwaffen der Frauen, die sagen wollten: »Nimm mich, ich gebe mich hin.« Selbst völlig normal scheinende Leute wurden in Gegenwart der Stones richtiggehend doof. Aber Keith und ich hingen nur Arm in Arm herum, auf der anderen Schulter hielt er seinen

Ghettoblaster, in dem unentwegt der Soundtrack des Reggaefilms *The harder they come* lief, während sich die Frauen vor ihm die Kleider runterrissen oder sich vor ihm zu Boden warfen. Keith ließ das kalt.

●

Nach der Tour bin ich zurück nach Hamburg, und diesmal fiel mir der Abschied wirklich schwer, denn ich war über beide Ohren in Keith verliebt, in seine dunkel funkelnden und betörenden Augen, die mir *naughty things* versprachen, wie die Augen eines Beduinenfürsten. Alle meine Männer hatten etwas Elektrisierendes und Inspirierendes, aber Keith war einer der erfahrensten und humorvollsten Liebhaber, die ich je hatte, und der die weibliche Anatomie und ihre Zusammenhänge kannte wie kaum ein anderer. Und Keith war immer er selbst, egal wo oder mit wem er unterwegs war. Mit einem Wort: *The most honorable bad boy I knew – and I knew some.*

Abgesehen davon war ich vollkommen heroinsüchtig. Als ich in unserer Wohnung in Hamburg ankam, ging die Heizung nicht, und Bockhorn hatte unser Lager im einzigen beheizbaren Zimmer, dem Wohnzimmer, aufgeschlagen, da saß er mit Leopardenfell beschurzt und nacktem Oberkörper mit dem Affen. Ich freute mich, ihn zu sehen, fiel ins Bett und habe ein paar Tage nur geschlafen.

Das Heroin gab ich allerdings nicht auf. Nur wenn ich einen Job hatte, nahm ich ein paar Tage vorher nichts. Ich bekam starke Schweißausbrüche, und langsam wurde es mir unmöglich, die vier Stockwerke zu unserer Wohnung hinaufzuschaffen. Der Entzug war, als ob ich alle zwei Sekunden einen elektrischen Schlag bekommen würde, der mir durch den ganzen Körper ging. Jede Zelle, jede Faser raste wie ein Skorpionbiss. Ich stank so, dass ich mich selbst nicht mehr riechen konnte, dazu kamen dauernde Temperaturwechsel und viel, viel Schlaf. Gewöhnlich bis mittags um zwei. Wenn meine Agentur morgens um neun anrief, konnte ich gar nicht reagieren.

Bockhorn und ich riefen dann beim Gemüsemann unten im Haus an und sagten ihm, dass er Obst und Getränke, vor allem Süßigkeiten raufbringen solle, weil wir es einfach nicht mehr die Treppen rauf und runter geschafft hätten.

Ich habe Bockhorn auf Heroin gebracht. Brutal wie ich war, dachte ich, ein Guter hält das aus. Wenn nicht, dann beißt er ins Gras, dann war's eben auch kein Guter. Im Gegensatz zu ihm war ich in der Lage, mir *Smack* aufzuheben, und legte in der ganzen Wohnung, hinter der Tapete, zwischen Buchseiten und in der Lampe, Verstecke für das Zeug an. Keith hatte mir einen Silberkuli zum Zusammenschrauben geschenkt, in dessen Miene man Heroin füllen konnte und in dem ich meinen Privatvorrat aufhob. Die Stones hatten sowieso ihre speziellen Verstecke, die unteren Teile von Rasierschaumflaschen waren zum Beispiel zum Aufstecken, sodass noch Schaum herauskam, obwohl sich unten zig Gramm Heroin oder Koks befanden. Diese Flaschen hatten die sich in London von einem Freund der Band anfertigen lassen.

Wenn Bockhorn das Zeug in die Finger kriegte, war es weg. Er konnte sich nichts einteilen, sondern betrieb das Heroin wie alles andere auch exzessiv und war jeden Tag high. Er hielt die Droge für Medizin. Aber allmählich begann die Medizin ihm zuzusetzen.

Nach der Tour telefonierte ich noch ein paarmal mit Keith und erfuhr, dass er Ärger bekommen hatte, weil Anita Polaroids von ihm und mir gefunden hatte, auf denen ich das Strumpfband mit einem kleinen Revolver trug, das er mir geschenkt hatte, aber zurück unter Bockhorns Adlerfittichen stieg ich mehr und mehr aufs Ludenmilieu ein. Mit den Kiezfrauen dagegen hatte ich fast nichts zu tun. Ich behielt meine Freundinnen aus München oder die Mädchen von seinen Nichtludenfreunden, weil ich Huren einfach nicht traute. Ich wusste, die erzählen alles weiter. Auch die Art von Geheimnissen, die nur unter Frauen bleiben sollen. Ich habe das Nuttendasein immer als Schwäche von Frauen gesehen, die sich nicht genug einfallen lassen. Sich von einem Kerl an die Mauer stellen zu lassen und dann das Geld auch noch abzuliefern, kam mir geradezu grotesk vor, und natürlich merkten die Leute von der Szene, dass wir anders waren, und Bockhorn hatte vor seinen Ludenfreunden mittlerweile Probleme, das Gesicht zu wahren.

»Ich dachte, ich könnte die Alte umbügeln. Jetzt sind wir schon ein Jahr zusammen, und die Alte sperrt sich immer noch!«, schrie er und war ehrlich außer sich.

Deswegen lud er einmal sogar Rainer nach Hamburg ein, obwohl er von dem gar nichts hielt, um mit ihm über meine Unzugänglichkeit und meinen Mangel an Vertrauen zu reden. Bockhorn verlangte blindes Vertrauen von mir. Das wollte er sich aber nicht erwerben, sondern einfach haben, und dass er das von mir nicht bekam, hat ihn total gewurmt.

Ich meinerseits hatte kein Vertrauen, weil er immer noch was hinter meinem Rücken laufen hatte. Sein Verlangen nach Vertrauen war eine reine Egosache, und so redete er mit silbernen Zungen auf mich ein und war sauer, wenn ich trotzdem nicht auf ihn hereinfiel – und reden konnte Bockhorn wie der Teufel im Weihwasserkessel, wenn es darauf ankam, und unsere Beziehung wurde zu einem totalen, feurigen Powerspiel, in der ich ihm keine Handbreit gegeben habe – wie schon Rainer nicht. Ich hatte damals Spaß am Streiten.

»Du mit deiner Eifersucht und deinen Verdächtigungen«, sagte Bockhorn, wenn ich merkte, dass hinter meinem Rücken wieder was lief, aber ich hatte halt eine gute Nase für solche Sachen.

Einmal erwischte ich ihn, wie ihm so ein Huhn im Flur ihre Nummer zusteckte, und ich gab ihr mit meinen *Yves-Saint-Laurent*-Stiefeln so einen Tritt in den Hintern, dass mir der Absatz abbrach und sie auf dem Treppenabsatz landete – das tat der Seele gut.

Im Sommer 1975 wollten wir das erste Mal auf Reisen gehen, und vor unserem Reiseantritt wetteten alle unsere Freunde, dass wir spätestens nach zwei Wochen mit eingeschlagenen Köpfen wieder in Hamburg sitzen würden.

Bockhorn kaufte ein *Dodge*-Wohnmobil, versah es mit einem Mercedesmotor und war dabei, es innen mit Stoffen und Farbanstrich auszustatten.

Obwohl er voll auf Heroin war, arbeitete er am Bus, kam aber immer schlechter drauf. Voll auf Heroin hieß bei Bockhorn kein Sex mehr, und immer wenn irgendetwas nicht klappte, behauptete er, ich hätte es vermasselt, und seine schlechte Laune, so sagte er, die komme auch von mir.

Ohne Sex wiederum wurde ich sauer, und ich fragte mich, ob ich mit Bockhorn die richtige Entscheidung getroffen hatte oder nicht doch lieber zu Keith ziehen sollte.

Bockhorn wusste, wie viel mir an der Reise gelegen war, und fing an, mich damit unter Druck zu setzen. Durch die Droge wurde zudem der ganze Alltag zur Qual, und ich mochte schon gar nicht mehr aufstehen. Dazu kam noch das Hamburger Wetter: Morgens war ich gewöhnlich noch optimistisch und machte Pläne, ans Wasser rauszufahren, aber bevor ich auf die Straße kam, war alles wieder grau. Ich verstehe, warum die Leute in Hamburg heute immer noch Drogen nehmen. Es gibt nix anderes zu tun. Man weiß nicht, warum man überhaupt aufstehen soll.

Das war unsere erste miese Zeit, und Bockhorn donnerte mir auch ein paarmal welche. Da bin ich nach München abgehauen.

Schließlich kam Keith zu mir durch, nachdem Bockhorn ihn am Telefon ein paarmal abgewimmelt oder mir einfach nicht gesagt hatte, dass er angerufen hatte. Keith lud mich ein, ihn auf der Amerikatournee zu begleiten, und obwohl ich eigentlich vorhatte, brav zu sein – *stand by your man* –, hat Bockhorn mich doch so genervt, dass ich abwartete, bis er aus dem Haus ging, und Keith schließlich das Okay gab. Keith schickte ein Ticket, und ich legte Bockhorn einen Zettel hin, dass ich sauer sei und er mich nerve.

Ich flog nach New York und von dort nach S. F.

Da erwartete mich am Flughafen schon eine Limousine – die Stones waren bereits im Konzert im *Cow Pa-*

lace. Vor der Bühne ist immer ein Teil für die Freunde der Stones abgesperrt. Sie waren mitten in der Show, und ich bin vor Liebe wieder fast gestorben. Hinter mir kreischten die Mädchen und fielen fast in Ohnmacht. Ich beglückwünschte mich zu dem Entschluss, Hamburg verlassen zu haben. Das hier war doch um einiges besser als der unzufriedene Typ, der da rumsaß und grantelte und mich noch nicht mal mehr bumste.

Als der Limousinenkonvoi nach der Show durch die Stadt rauschte, vor uns Polizisten auf Motorrädern, an der Seite Motorräder, und wir unter ihrer Aufsicht eine Linie Koks zogen, während wir rote Ampeln durchfuhren, kam ich mir vor wie die Präsidentenfrau – besser noch. Eine Präsidentenfrau wäre ja langweilig gewesen, ich war die Rock-'n'-Roll-Präsidentenfrau und fühlte mich total *on top of the world*. Da rieselte einiges vom Sternenstaub auf mich herab.

Keith und ich blieben nach dem Konzert fast eine Woche wach, eine Mischung aus Coke und Heroin machte es möglich. Ich sackte zwischendurch schon ab und an weg und schlief schließlich fest ein. Als ich aufwachte, schlief Keith, und ich wusste, dass man ihn nicht mehr wach bekam, wenn er einmal crashte.

Aus Langeweile machte ich den Fehler, Bockhorn anzurufen, und der sagte kurz angebunden nur: »Der Bus ist in drei Tagen fertig, und ich fahr ohne dich. Kannst bleiben, wo du bist.«

»Ich will auch nach Asien!« Ich hätte fast angefangen zu weinen.

»Nix da! Vergiss es, Alte. Ich fahr ohne dich.«

Keith konnte ich nicht wach kriegen, aber für mich stand fest, dass ich mit Bockhorn nach Asien wollte. Blöderweise hatte ich mir am Vorabend auf der Treppe zu einem Nachtklub in Chicago auch noch den Fuß verstaucht. Ich löste mein Rückflugticket ein, legte Keith eine Notiz auf den Tisch und lief am Stock wieder in Hamburg ein.

Bockhorn wollte mich gar nicht wieder aufnehmen und hat drei Tage nicht mit mir geredet. Wie sich rausstellte, war der Bus überhaupt noch nicht fertig. Bockhorn hatte in meiner Abwesenheit kaum etwas dran gemacht. Aber Keith habe ich in jener Nacht praktisch verlassen.

•

Die Zeit mit Bockhorn blieb lau, und er wurde immer aggressiver, und wenn er jähzornig wurde, konnte er total ausrasten. Einmal haute er mir im Beisein seiner Freunde aus Wut mit einem Schwert über den Nacken. Danach hätte man eine Nadel fallen hören können – oder meinen Kopf. Die haben gedacht, der killt mich. Aber er hat die flache Seite des Schwertes benutzt. Obwohl ich eigentlich keine Angst vor ihm hatte, merkte ich doch, dass mit ihm nicht zu spaßen war, und ab und zu musste Halko kommen, um überhaupt wieder eine gemeinsame Basis zu schaffen, weil wir beide dauernd das Handtuch warfen. Bockhorn hat wahnsinnige Aufzüge gemacht, mir Sachen nachgeschmissen, er konnte schreien, dass ihm die Adern platzten, aus Eifersucht und weil ich ihm angeblich nicht vertraute. Einmal im *Adler* saßen wir beim Frühstück, und er packte vor Wut die Tischplatte und warf mir die ganzen Wurst- und Käseplatten in den Schoß. Das war die unterste Sohle. Ich kam mir so erniedrigt vor. Er sich auch. So ein Arschloch. Wie kann er das machen?, dachte ich.

»Du bist wirklich ein schwächlicher Laumann«, sagte ich ihm. »Bloß weil du 'n Mann bist und körperlich 'n bisschen mehr draufhast, traust du dir, mir eine runterzuhauen.«

»Das tut mir mehr weh wie dir, Schatz«, sagte er dann.

Eigentlich wollte er mich auch nicht prügeln, aber es kam irgendwie raus. Durch seinen Jähzorn.

Als die Stones zu Schallplattenaufnahmen wieder in München waren, flog ich hin, und Bockhorn rastete in Hamburg aus. Zufälligerweise traf er auf der Straße jemanden mit einem Käfig voller Tauben. Bockhorn hatte eine große Gabe dafür, Dinge zu materialisieren, die er gerade brauchte oder die gerade gefragt waren, was sich später auf Reisen als sehr hilfreich erweisen sollte.

Jedenfalls kaufte Bockhorn die Tauben und drehte ihnen allen auf der Stelle die Hälse um. Dann schminkte er eine Freundin auf Leiche, legte ihr einen toten Falken auf die Brust und drapierte die toten Tauben herum. Dazu legte er noch einen mit Blut beschmierten Nazidolch auf die liegende Frau – alles nur, um sich abzureagieren.

Unser Freund Ulf Dannenberg, der dabei war, hat mir später erzählt, dass das Mädchen gehofft hätte, Bockhorn werde sie aus Wut ordentlich bumsen, aber er war so mies drauf, dass er sich nichts daraus machte. Er wollte nur, dass ich die Fotos bekam, und schickte mir einen Satz Polaroids.

Als ich aus München zurückkam, war sein Zorn wieder verraucht, und vom Flughafen holte er mich mit einem Haufen Kinder ab. Die Kinder haben Bockhorn geliebt, weil er mit ihnen im *Adler* was losmachte. Er hat den Mädchen Kränze in die Haare geflochten und sie wie Prinzessinnen angezogen. Die Jungs kamen als Cowboys und selbst der verstoßene Affe hatte sein Dirndl an. Alles war vergeben und vergessen. Und was anstand, waren die letzten Vorbereitungen für die Fahrt nach Asien.

Mutter Indien

Als der Bus fertig war, übergab Bockhorn das Café *Adler* seiner Schwester, die auch unsere Wohnung übernahm. Ich war **11** wirklich froh, aus Hamburg rauszukommen, schon weil mich der Kiez mit seinen ganzen Gestalten wirklich nervte.

Wie sich schnell herausgestellt hatte, waren meine Vorstellungen von den romantischen Banditen sehr idealisiert gewesen, und wie schon im Nuttengeschäft war nach außen hin nichts, was es zu sein schien.

Der schlimmste Brocken war ein Boxer, der damals Bockhorns bester Freund war und nach außen hin die ganz harte Nummer schob. Er bot mir seinen Schutz als großer Bruder an.

Ich wandte mich dann mal an ihn, weil mich ein Schrank von Typ in einem Nachtklub belästigte und einfach nicht ablassen wollte.

Der war allerdings ebenso stark wie der Boxer, und ich merkte schon, wie vorsichtig, fast ängstlich er war, wenn er jemanden Ebenbürtiges vor sich hatte. Schwache einzuschüchtern und zu verfolgen, bereitete ihm weniger Probleme. Mit einem Wort, er war wie die meisten anderen auch einfach nur ein linker Brocken, der, wenn er Dope kaufte, immer ein Riesengeheul abzog – »Ich hab zu wenig bekommen!« – und ein Riesentheater machte, damit er sein Dope umsonst bekam, weil alle Dealer sich vor Angst bepissten.

Seine Spezialität war es, den Leuten mit seinem Kopf das Nasenbein einzuschlagen.

Ich kam langsam drauf, dass die ganze neue Garde vom Kiez fast nur aus Laumännern bestand, die ihr Mäntelchen nach dem Wind hängten. Da gab's keine Loyalität.

Die seichten Sprüche darüber, wie breit und hacke sie wem wieder was gezeigt hatten, waren nur noch gesprungene Platten, und ich war heilfroh, als der treue Fotzenole und die Rocker unser gelbes Wohnmobil mit den Blinklichtern auf dem Führerhaus über die Elbbrücke eskortierten, nachdem ich es mit Champagner hatte taufen wollen, aber die Flasche nicht zerbrochen war. Bockhorn hat sie dann voller Wut an die Kiste geknallt.

Aber bereits in der Türkei wäre die Reise fast zu Ende gewesen.

Wir fuhren eine Sandstraße hinauf, die immer schmaler und schmaler wurde, bis der Wagen nicht mehr weiterkonnte, weil vor uns die Straße weggebrochen war.

Ich stieg aus dem Wagen und sah, wie unter dem Hinterreifen der Sand wegbröckelte.

»Bockhorn, die Erde bricht weg!«

Ich versuchte wie eine Blöde den Wagen mit den Händen zu halten, und Bockhorn legte den Rückwärtsgang ein und rettete den Wagen buchstäblich in letzter Sekunde.

Hier begann der wilde Teil der Welt, und ich merkte, wie gut Bockhorn und mir das tat.

Die Reise brachte uns wieder eng zusammen. Wir hatten unsere Grundsprache von Halko gelernt, kamen allein aus, und außerdem konnte sich Bockhorn mir gegenüber als Mann beweisen, und ich war ihm dankbar dafür.

Ohne ihn hätte ich die Reise nicht machen können, und in Europa passieren nicht so elementare Dinge. In Bockhorns Gesellschaft konnte ich an Orte gehen, an die sich sonst kein Mensch traute, und wie Sindbad der Truckdriver konnte er endlich beweisen, was für ein Kerl er war.

In der exotischen Kulisse aus Ziegenkarren, Wasserquellen und Muezzins, die am Morgen aus allen Richtungen unisono mit den Hunden sangen, verliebte ich mich neu in ihn.

In der Osttürkei schmeißen die Kinder Steine gegen die vorbeifahrenden Autos, wenn man ihnen keine Zigaretten als Weggeld gibt. Die meisten Urlauber vergitterten deshalb ihre Fenster.

Bockhorn hatte das gewusst, weigerte sich aber, wie im Gefängnis umherzufahren.

Er hatte zwei Martinshörner und ein Megafon, das er vom Führerhaus aus bedienen konnte, im Wagen installiert, und jedes Mal, wenn wir die Kinder mit ihren Steinen in der Hand am Ortseingang eines Dorfes stehen sahen, nahm er das Mikrofon und rief mit Grabesstimme: »Malachalallachom!« Die Kinder erstarrten, als hätten sie die Stimme Gottes gehört, und als sie endlich in der Lage waren zu schmeißen, waren wir meistens schon durch den Ort.

Wie sich rausstellte, hatte Bockhorn den Bus gegen alle Unwägbarkeiten ausgestattet.

Auf der Fahrerseite stand gut sichtbar sein Gewehr, für das er auf dem Hamburger Dom einen Waffenschein besorgt hatte, der mit dem Stempel des Café *Adler* seinen offiziellen Anstrich erhielt. An der Innenseite der Bustür hing ein gestohlenes Schild der Deutschen Botschaft in Bolivien, alles hochoffiziell.

Wir hatten gar keine echten Nummernschilder, die hat Bockhorn für das Motorrad und das Auto schwarz anfertigen lassen, weil wir in Deutschland keine Steuern bezahlen wollten.

»Man braucht im Leben Trumpfkarten, mit denen man wieder auf die Beine kommt«, sagte er zu seiner Ausrüstung, und in der Türkei wurden wir dauernd beschenkt, und die Türken waren extrem gastfreundlich. Viele standen auf Hitler und mochten uns, weil wir aus Deutschland kamen.

Eines Nachts wachten wir allerdings auf, als ein Trupp den Wagen plündern wollte. Die Staukästen hatten sie schon aufgeschraubt und waren dabei, unser Werkzeug abzuziehen.

Bockhorn hat aus dem Schlaf ein wirklich viehisches Mördergebrüll losgelassen, der ganze Bus zitterte, und die Türken stoben in alle Richtungen auseinander.

Übers wilde Kurdistan sind wir dann weiter nach Asien.

Ab und an stießen wir auf die hässlicheren Ausläufer des Hippietourismus – Langhaarige wurden wegen Dope von der Polizei abgeführt. Immer häufiger hörten wir zudem die Schauergeschichten von Leuten, die in den feuchten Steinzellen der Türkei und Persiens buchstäblich bei lebendigem Leib verrotteten, und weil wir dauernd Dope im Wagen hatten, gingen mir die Berichte auch allmählich ziemlich auf die Nerven.

Wir trafen auf einen amerikanischen Hippie mit Stetson, der aussah wie Furious Frank von den Freak Brothers und der sich als eine ganz üble Nummer erwies. In seinem Bus nahm er europäische Anhalter mit und plünderte sie bis auf die Socken aus, bevor er sie in einer abgelegenen Gegend ihrem Schicksal überließ.

In Persien war noch der Schah an der Macht, und wir schrammten einen parkenden Wagen und wollten auf den Eigentümer warten, wie wir es gewohnt waren. Die Passanten riefen aber gleich: »Fahr weiter, Tür zu, fahr weiter! Gefängnis, Gefängnis!« Wir sind wieder rein und weg. Für derartige Kleinigkeiten saß man ewig im Knast, und wenn man freikam, war man jeden irdischen Besitz los.

Ich freute mich jetzt tierisch, dass ich mich nicht für Keith, sondern für Bockhorn entschieden hatte. Mit Bockhorn war das Leben erlebnisreicher und vielseitig. Er liebte Menschen und besonders Kinder, und die Menschen suchten seine Nähe, auch weil er großzügig und großherzig war. Obwohl er bestimmt den Macho heraushängen lassen konnte, behandelte er mich die meiste Zeit wie eine Königin.

Keith hat sein Leben von Lakaien bestimmen lassen, interessante Leute wurden von irgendwelchen Stuppen abgefertigt, weil ihm anscheinend nur noch an seinen Drogen gelegen war. In unseren Bus aber kamen sie alle – vom Heiligen bis zum Banditen. Bockhorn gab jedem eine Chance: Wenn er ein Arschloch war, hatte er sie eben vertan, und mit Bockhorn herumzufahren war das größte Vergnügen meines Lebens. Ich hatte nie von anderen Menschen getrennt leben wollen, sondern wollte mitten im Leben stehen, unter wirklichen Menschen, und obwohl wir 24 Stunden am Tag zusammen waren, erlebten wir so viel, dass wir uns fast nie stritten.

Wenn Bockhorn gut drauf war, seine Antennen draußen hatte, dann passierten uns die wahnsinnigsten Sachen, und ich begann zu verstehen, was Halko damit gemeint hatte, als er sagte, Bockhorn hätte sich zum Schamanen ausbilden können.

Einmal rettete er ein Kind vor dem Ertrinken, weil seine Eltern nicht schwimmen konnten und hilflos zusahen, wie es im Pool unterging.

In Afghanistan machten wir manchmal Rast an den ödesten, menschenleersten Plätzen, weil wir einfach nicht mehr konnten. Innerhalb von fünf Minuten war normalerweise eine ganze Bagage vor dem Bus – weiß der Teufel, wo die herkamen. Mich hat das erst mal genervt, denn nach einem ganzen Tag Fahrt wollte ich meine Ruhe haben, aber Bockhorn, der nur Deutsch sprach, begrüßte sie mit: »Tschubba tschubba.«

Seine Fantasiesprache hatte er je nach Situation in allen Abwandlungen drauf, von fragend bis bestimmend, und den Afghanen machte das teuflischen Spaß.

Dann erklärte er ihnen »tschubba tschubba«, dass ich jetzt schlafen wolle und dass morgen die Sonne »tschubba tschubba« aufginge und wir uns alle wiedertreffen würden.

Sie ließen uns tatsächlich in Ruhe. Am nächsten Tag war die Sonne gerade hinter den Bergen aufgegangen, und »tschuuubba tschuuuba«, stand die ganze Bande wieder da – wir sollten gefälligst aufstehen.

Manchmal kam Bockhorn mit dem Stethoskop um den Hals aus dem Wagen, dann führten sie uns ihre Kranken vor.

Weil sie heiß auf Tabletten waren, verteilten wir die sieben Placebos aus der Antibabypillen-Packung, und in kürzester Zeit waren alle krank und wollten Tabletten.

Kurz nach der Einnahme ging es ihnen besser – und alles war wunderbar!

Bockhorns Revier war die Straße. Hier konnte ihm keiner etwas vormachen. Hier sagten sie bewundernd: »He's a prince among men!«

Zum Abschied warfen die Afghanen eine dicke Kette durchs offene Fenster. Erst ein halbes Jahr später kamen wir drauf, dass aus Afghanistan der schönste Lapislazuli kommt. Die Kette bestand aus großen Steinen.

An der indischen Grenze verlangten die Einreisebehörden Sonderpapiere für das Motorrad und das Motorboot.

Wenn wir die nicht vorzeigen könnten, wollten sie uns Krad und Boot wegnehmen.

Wir sahen, dass sie schon einen ganzen Hof voller Motorräder hatten, die man mit Schweinegeld auslösen musste.

Wir gingen zurück zum Bus, und ich holte die Schreibmaschine raus und schrieb schief und krakelig *with motorcycle and motorboat* in die Wagenpapiere.

Bockhorn holte den Caféstempel hervor und drehte ihn beim Stempeln so, dass die Schrift verschmierte. Damit ließ man uns erst mal nach Delhi, wo die Behörden entscheiden sollten, was mit dem Rad und dem Boot geschehen würde.

Damit wir unterwegs nicht einfach verschwanden, setzte man uns einen untersetzten Offizier mit Turban, Degen und wachsamen, undurchdringlichen Augen in den Wohnraum des Wagens, wo er uns auf der Zwei-Tage-Fahrt begleiten sollte, aber in Afghanistan hatten wir *chars* eingekauft, den Blütenstaub der Haschischpflanze, der auf dem freien Markt eigentlich gar nicht erhältlich ist und von seinen Anbauern mit den Händen abgestreift wird, bevor man den Harz erntet. Den Pollenpuder muss man mit Speichel vermischt zur Rauchware kneten. Wir hatten zwei Kilo Pollen als Proviant in der Herdtüre verschraubt, und der Wagen roch wie eine Stinktierfamilie.

Die Grenze zwischen Pakistan und Indien ist scharf, was Drogen angeht.

Nach dem ersten Tag sagte der Beamte, der sonst fast gar nicht sprach, sondern stoisch in der *Knoll*-Ledercouch saß: »You can smoke. I know that you smoke.«

Aber wir haben es uns nicht getraut, und bevor wir bei den Behörden abgeliefert wurden, hat Bockhorn ihm noch mal hundert Mark zugesteckt, damit wir das Boot und Motorrad behalten konnten.

Dann hörten wir, dass in der Nähe, nördlich von Benares, eine Kumbamela sein sollte, ein Treffen von

Sadhus, Pundits und Heiligen, das nur alle zwölf Jahre stattfindet. Ein Riesenplatz voller Zelte und Altäre. Ganze Tempel haben sie dort aufgebaut, wie ein Oktoberfest.

Als wir abends eintrafen, war ich müde, es war staubig, und wir suchten einen Platz. Ich legte mich gleich schlafen und musste Bockhorn versprechen, morgens als Erstes aus dem Hinterfenster zu schauen.

Als ich aufwachte, sah ich eine wunderschöne Tempelanlage, und Bockhorn beobachtete, wie sich die Pilger am Tempel verhielten, welche Wege sie in welcher Reihenfolge gingen, da 'ne Blume, da 'n Zeichen für irgend'ne Statue.

Als er wusste, wie es funktionierte, ging er selber los. Die Inder hatten sich schon um den Bus versammelt und warteten, wer da wohl aussteigen würde.

Bockhorn ging auf den Tempel zu, warf links 'ne Blume rein, nahm rechts das Wasser raus und besprühte sich.

Die Inder waren baff, weil Bockhorn alles machte, als hätte er es schon immer gewusst.

Vor einem Heiligen haben die Inder sich auf den Boden geworfen und ihm die Füße geküsst, und Bockhorn wollte ihm auch die Füße küssen.

Aber der hat ihn an der Schulter gehalten und hochgezogen und ihm zu verstehen gegeben, dass er das lassen soll.

Das war der heiligste Typ am Platz, und der hat zu Bockhorn gesagt, er brauche das nicht zu machen, er sei auch ein König. Dann haben die beiden noch eine Weile rumgedüddelt, und der Heilige kam und segnete unseren Bus.

●

In Goa verbrachten wir vier Monate, und Bockhorn legte sich wieder einen Affen zu, der mit meiner neuen kleinen Katze spielte und uns das Fernsehen ersetzte.

Der Affe stellte sich allerdings als Fall für den Psychiater raus. Immer wenn man sich schnell bewegte, schlug er einige Rückwärtssaltos und bepisste und beschiss sich. Bockhorn musste ihn zweimal am Tag baden.

Zum Glück verliebte der Affe sich bald und zog weiter. Ich hab mir dafür fünf Laubfrösche zugelegt, die jeden Tag frische Fliegen brauchten, die gefangen werden mussten.

Wenn ein paar Tage Schlechtwetter war, kam ich auf den Horror, dass meine Frösche draufgehen könnten. Dann bin ich in einen Neubau mit Riesenscheiben, an deren Innenseite Tausende von Fliegen klebten, und pflückte sie geschickt ab. Ich glaube, die Angestellten haben gedacht, ich hätte den Verstand verloren.

In Goa blieben wir über Neujahr und warfen Acid ein. Bockhorn hatte einen Hammel besorgt, den er über offenem Feuer rösten wollte, aber als das LSD einsetzte, verging allen Beteiligten für vierzehn Stunden der Hunger.

Am nächsten Morgen hing der verbrannte Hammel über der schwelenden Asche, und es fanden sich auch gleich ein paar Deutsche, die sich wegen der angeblichen Verschwendung aufregten.

»Das, gute Frau«, sagte Bockhorn, »war keine Verschwendung, sondern ein Feueropfer.«

Nach vier Monaten hatten wir von der Hippieszene genug. Besonders die Franzosen gingen uns auf die Nerven.

Sie waren mit Abstand die Dreckigsten und klauten einem beim Schlafen das Kissen unter dem Kopf weg, wenn man nicht aufpasste.

In Kaschmir hatte ich das erste Mal Berührung mit reinem Opium.

Die Deutsche Maybe törnte mich darauf an. Ihr Mann war schon ein hohlwangiger Süchtiger, dessen Schädel sich durchs Fleisch bohrte und der Drogen nach Amerika dealte.

Maybe war eine wahre Meisterin im Opiumdrehen, wir starrten auf ihre wunderschönen eleganten Hände, mit denen sie das Opium über der Flamme auf die Nadel zog und genau im richtigen Moment in die

Pfeife füllte, in der wir es mit einer kleinen Petroleumlampe, die unter dem oberen Teil einer Glasflasche als Fackel diente, entzündeten.

Einen Opiumrausch herbeizuführen dauerte zehn Mal länger als einen Heroinrausch, aber wegen der ausgedehnten Prozedur träumte ich wirklich weg, und es war so was von schön.

Wir rauchten vorwiegend auf den Hausbooten, wunderschönen länglichen Dschunken, die sich lautlos durchs Wasser schoben und mit Schnitzwerk und Teppichen ausgestattet waren. Wir lagen nur in den Kissen und kamen von den Hausbooten fast nicht mehr weg, sondern wurden dort von kleinen Booten mit Lebensmitteln, Wasser, selbst Filmmaterial beliefert und brauchten uns gar nicht mehr zu erheben.

Allmählich bekam ich dunkle Ringe unter den Augen und dachte zunächst, dass es vom Opium käme. Ich hatte außerdem andauernd Hunger, doch immer wenn ich essen wollte, war mein Bauch wie ausbetoniert.

Mir wurde schlecht, und ich brachte keinen Bissen mehr runter. Dauernd rumorte es mir im Magen, und im Bett konnte ich nicht mehr auf dem Bauch liegen. Nirgendwo gab es ein gescheites Krankenhaus.

Eines Abends beim Essen ging mit einem Mal der Ton weg, und ich hörte Bockhorn noch von ganz weit entfernt »Uschi! Uschi!« rufen. Dann war ich weg.

Dadurch, dass wir wie eine Schnecke unser Haus mit uns führten, selbst kochten und nur unsere Chemikalientoilette benutzten, waren wir bisher von allen Krankheiten verschont geblieben, aber in Delhi diagnostizierte der Arzt dann einen Bandwurm und verschrieb mir eine einzige Tablette.

Im Badezimmer des *Imperial Hotels* merkte ich plötzlich, dass etwas nicht stimmte und etwas Fremdes an mir war. Ich geriet total in Panik und schrie nach Bockhorn, der sofort angerannt kam und fachmännisch feststellte, ob sich der Kopf noch an dem Wurm befand oder in meinem Körper geblieben war. Ich habe vor Ekel gezittert. Dass Bockhorn so cool blieb, hat mir sehr geholfen. Ich habe ihn unsterblich dafür geliebt, dass er sich nicht vor mir ekelte.

Er schaute sich den Wurm genau an, unterarmlang und dick wie eine kleine Schlange hing er dort, und der Gedanke, dass er sich die ganze Zeit über in meinem Bauch bewegt und von mir gezehrt hatte, bereitete mir noch Wochen danach Albträume, in denen Kinder, Hunde und Katzen den Wurm immer wieder zu mir zurückbrachten. Ein paar Tage später kam auch der andere zum Vorschein – wie wir erfuhren, spalteten sie sich, wenn sie älter wurden.

Zur Halbzeit der Reise, etwa nach einem Jahr, waren wir an das Leben auf der Straße und das Nomadendasein total gewöhnt. Ich vermisste zwar meine Freunde ab und an, aber dann und wann stießen sie auch zu uns, und ansonsten bestand kein Mangel an seltsamen Gestalten, denen wir auf unserem Weg begegneten.

In Kathmandu lernten wir Paul kennen, eine deutsche Schauspielerin, die von Amerika aus mit einer avantgardistischen Theatergruppe rumzog. Deren Spezialität war es, aus dem Stegreif und unter Einbeziehung des Publikums zu inszenieren. Die Anfänge der Gruppe gingen bis zu den Beatniks zurück. Das war das lebendigste Theater damals, und Petra hatte eine frappierende Ähnlichkeit mit der jungen Flickenschildt.

Über Indien war sie nach Nepal gekommen, kleidete sich in Schwarz mit einer Vogelkralle um den Hals und schminkte ihr Gesicht weiß.

Sie lebte in einer kleinen Hütte, voll gestopft mit mystischen Gegenständen, Kandelabern, Räucherkerzen und Knochenwerk. Die Leute in Nepal hielten sie für eine Hexe, und sie tat nichts, um den Eindruck zu entkräften. *Black Ashram* nannte sie ihr dunkles Reich.

Wenn sie Leute nicht mochte, lud sie sie zum Essen ein und präsentierte mit ernster Miene aus Zeitungen und Magazinen ausgeschnittenes Besteck und Essen. Sie selbst tat, als ob sie selbstverständlich von den Papierschnipseln essen würde, und trieb die Leute erst an den Rand ihrer Höflichkeit und dann aus dem Haus.

Wenn sie ausging, klebte sie sich anstelle von Lippenstift einen Papiermund, den sie aus der Zeitung ausgeschnitten hatte, auf ihren eigenen.

So ging sie auch zu den Behörden, um ihr Visum verlängern zu lassen, und hat es jedes Mal geschafft.

Bockhorn stand auf sie und sie auch auf ihn. *Black Ashram*, das war was für ihn. Ich fand sie auch gut, und weil ich wieder müde war, ließ ich die beiden allein.

Am nächsten Morgen fragte ich ihn, ob er was mit ihr gehabt habe, weil er ihr eine Pfauenkrone vermacht hatte, die er mir in Indien geschenkt hatte.

Er stritt es ab, und ich glaubte ihm. Zum Abschied schenkte sie uns beiden zwei Silberkugeln – als ich Bockhorns Kugel fünf Jahre später aufschraubte, erfuhr ich schließlich, was in jener Nacht zwischen den beiden gelaufen war.

Wir fuhren sechs Wochen durch Nepal, und nachdem ich eines Morgens mit Bockhorn in unserem Bus geschlafen hatte, merkte ich sofort, dass ich empfangen hatte.

Ich lag noch im Bett und bat Bockhorn, mir ein Stück Brot zu geben. »Fuck you. Hol's dir selber, faule

Sau«, sagte er aus seiner spontanen Macholaune heraus.

Ich glaube, dass ihm gar nicht bewusst war, was er sagte. Aber für mich hatte der Augenblick starke symbolische Bedeutung. Er hatte mich gerade geschwängert, und für mich war klar: Der wird nicht der Vater von meinem Kind.

Der gibt mir nicht einmal jetzt was. Wie soll das erst mit einem Kind werden? Irgendetwas knackste in dem Moment, war für mich für immer vorbei. Obwohl ich im Lauf der nächsten Wochen das Kind wollte und Bockhorn, nachdem feststand, dass ich schwanger war, der fürsorglichste Vater überhaupt wurde, bekam ich starke Blutungen, woraufhin der Arzt mir die Zigaretten verbot.

Ich konnte nicht ganz mit dem Rauchen aufhören, und einen Tag vor Kabul wurden die Blutungen tierisch, und das Kind ging auf einer Toilette ab. Ich habe es mir nicht mal genau angeguckt.

Ein paar Tage später trafen wir zum vierten Mal auf ein deutsches Ärztepaar, das bleich und ausgezehrt kofferweise Tabletten und Impfstoffe mit sich schleppte und jedes Mal kränker war, wenn wir es trafen.

Der Mann riet dringlich zu einer Ausschabung in Deutschland, aber im Afghanihospital sagten sie mir, es sei alles rausgekommen.

Bockhorn war stolz auf mich, dass ich die Fehlge-
burt wie eine richtige Nomadin überstanden hatte,
aber ich war zum ersten Mal in meinem Leben wirklich deprimiert. Wir nahmen uns vor, möglichst bald
ein neues Kind zu machen.

Aber das wurde nichts mehr.

Wedding Song

12

Weil Geschlachtetes in Asien tagelang hängt und von Fliegen total übersät ist, waren wir immer auf der Ausschau nach frischem Fleisch. Im Vorbeifahren sah Bockhorn einen rennenden Hund, der hinter einem Hasen her war. Gerade als der Hund den Hasen packte, stieg Bockhorn in die Bremsen, sprang raus und schmiss brüllend einen Stein auf den Hund. Der ließ verdutzt den Hasen fallen, und wir hatten Fleisch. Bockhorn zwang mich, ihm beim Häuten zu helfen, wenn ich mitessen wollte, und meinen Ekel vor den Innereien und dem Abziehen einer Tierhaut zu überwinden, und legte ihn dann zwei Tage in Milch.

In Mesopotamien lernten wir einen deutschen Archäologen kennen, der mit seinem Verständnis belebte, was ich für alte Ziegelhaufen gehalten hatte. Nachts bei Vollmond rauchten wir was und saßen auf der Spitze einer Ruine, und er erklärte uns die ganze Kulturgeschichte der Welt.

Sein Fazit bestand darin, dass die ganzen hochgestellten Kulturen immer an ihrer Dekadenz, Ignoranz, Korruption und Gier zugrunde gingen und nur die Nomaden überlebten, weil sie mit und von dem Land lebten und es nicht ruinierten – Wasser auf unsere Mühlen. Bockhorn und ich verstanden uns als Nomaden.

Als wir spätnachts von der Exkursion mit dem Archäologen zurückkamen und im Wagen noch einen durchzogen, klopfte es an die Tür. Wir spähten durch die Gardinen und sahen, dass es die Polizei war.

Bockhorn öffnete schließlich die Tür, trat hinaus und begrüßte einen einzelnen Mann in pakistanischer Polizeiuniform, der gehört hatte, dass wir ein German chillum hätten. Womit er unsere Meerschaumpfeife meinte. Das Haschisch, das er darin rauchen wollte, hatte er selbst mitgebracht.

Je weiter wir nach Pakistan kamen, desto bedrohlicher wurde die Umwelt.

Man hatte uns schon gewarnt, den Wagen wegen der Banditen nicht irgendwo auf freier Strecke stehen zu lassen, sondern nur an Tankstellen oder Militärstationen zu rasten, in der Nähe noch größerer Banditen, wie wir dachten, und so haben wir uns nie um die Empfehlung gekümmert, sondern den Dodge abgestellt, wo es schön war. Zweimal versuchte man uns auszurauben, und jedes Mal wachte Bockhorn aus seinem Raubtierschlaf auf, und wir sahen, wie fünf oder sechs Gestalten dabei waren, unsere Motorräder vom Wagen zu heben. Bockhorn stieg dann ins Fahrerhaus, holte das Gewehr und schoss durchs Fenster in die Luft. Da sind sie abgehauen.

Ich kleidete mich immer häufiger in der jeweiligen Landestracht. Besonders in den moslemischen Ländern konnte ich keine Jeans oder T-Shirts mehr anziehen, ganz zu schweigen von kurzen Röcken. Die Männer in Pakistan waren besonders unangenehm. Wie Wespen kamen sie mit Affenzahn von hinten auf ihren Rädern angeschwirrt, griffen mir an den Hintern, und waren wie die Blitze wieder davon. Die kannten überhaupt keine Frauen, die unverhüllt gehen.

Als das an einem Tag drei- oder viermal passierte, ist Bockhorn hinter den Burschen her, hat sie vom Fahrrad runtergezerrt und verprügelt.

Langsam bekamen wir heraus, dass Bockhorns weiße Kleidung und sein Hippielook nicht gerade dazu beitrugen, dass er als Mann respektiert wurde.

Erst als er in seinem Fliegeroverall mit den Aufnähern von der Canadian Police auftrat und ich auf der Straße drei Schritte hinter ihm ging, teilten sich die Menschen vor uns wie das Rote Meer. Wenngleich mir das total aufstieß, auf der Straße hinter Bockhorn herzugehen, hätte es mir auch nichts genützt, wenn er seinen Ruf verloren hätte. Ich vertraute Bockhorns Straßeninstinkten, und wir lebten auf der Straße, mitten unter den Leuten und ständig in Gefahr. Mit den Luxusgütern, die wir dabeihatten, hätte eine ganze Pakistanifamilie ihr halbes Leben bestreiten können.

Nach fast zwei Jahren beschlossen wir, den Rückweg durch Indien anzutreten und langsam wieder Richtung Hamburg zu fahren.

Der Grenzübergang von Pakistan nach Indien war bekanntermaßen schwierig, und man sollte besonders früh dort auftauchen, um stundenlange Wartezeiten und Schikanen zu vermeiden. Besonders Europäer behielten sie oft tagelang dort, so hörten wir von einer Gruppe Deutscher, mit denen wir ein Stück im Konvoi fuhren und ausgerechnet einen Tag vor dem Grenzübertritt LSD einwarfen.

Wir schliefen in der Hitze unruhig bis nach Mittag, und während die anderen bereits am Morgen versuchten, sich durchzuschleichen und möglichst wenig Aufmerksamkeit zu erregen, ließen wir unser Nebelhorn dröhnen, stellten die Signallampen an und drehten am Nachmittag eine Runde auf dem Platz vor dem Zollgebäude, um unser Motorrad zu zeigen.

Gleich kam einer von den Zollleuten gelaufen und wollte zu uns in den Wagen.

»Nix da«, sagte Bockhorn. »Ich rede gar nicht mit dir. Bring mir deinen Chef, Junge. Ich rede nur mit deinem Chef. Ich bin ein deutscher General.«

Bockhorn hatte ein Porträt von sich in Generals-uniform machen und seine Locken unter der Mütze verschwinden lassen.

Tatsächlich kam der Chef aus dem Häuschen, setzte sich zu uns in den Bus und redete ein bisschen mit Bockhorn. Ein besonders wichtiger Offizier durfte schließlich auch mit rein. Als er sich vor seinem Chef wichtig machen wollte und anfing, unsere Schubla-den aufzuziehen, ging Bockhorn zu ihm und schlug ihm einfach auf die Pfoten. Sein Chef lachte.

Als wir mit unseren Visa ins Zollgebäude gehen sollten, sagte Bockhorn: »Meine Frau geht da nicht rein. Ich will nicht, dass deine Kerle meiner Alten auf den Arsch schauen.« Ich musste das immer überset-zen, weil er kein Englisch sprach.

Denen haben die Machospiele gefallen. Der Boss lachte, und nachdem Bockhorn ihm noch ein paar

Hustentropfen verabreicht hatte, kamen wir durch die Grenze durch wie Götter.

Schon bei der Hinreise waren uns in Indien die farbenprächtigen Hochzeiten aufgefallen, und obwohl wir eigentlich nicht vorhatten zu heiraten, wollten wir, wenn, dann schon so heiraten.

In Jaipur, Radjastan, parkten wir den Bus direkt neben dem Poloplatz, wo Elefantenpolo gespielt wurde. Ein Relikt aus der Kolonialzeit, das eigentlich daher stammt, dass die Jaipuraner die Engländer im Pferdepolo regelmäßig so haushoch schlugen, dass sie auch auf Elefanten gewonnen hätten. In die Richtung ging jedenfalls eine Karikatur in einer englischen Satirezeitung von damals.

Und natürlich gab's da unten nichts Besseres zu tun, als solche Sachen dann auch in die Tat umzusetzen.

Bockhorn hatte einen Deal mit Kodak, die unsere Filme während der Reise im Eilverfahren entwickelten, und machte Fotos. Als nach nur zwei Tagen die entwickelten Bilder kamen, war das eine große Sensation, und wie sich herausstellte, war der Teamführer der einen Elefantenmannschaft der Sohn der Maharanifamilie. Bockhorn verstand sich auf Anhieb mit ihm wie mit einem Bruder.

Er erkundigte sich ziemlich gleich danach, ob wir verheiratet wären, und als wir sagten, dass wir gern heiraten wollten, lud er uns in sein Schloss in den Bergen ein und wollte, dass wir dort heiraten.

Als das seine Mutter hörte, die Maharani von Jaipur, sagte sie: »Sie wollen doch nicht etwa in den Bergen heiraten. Dort ist es viel zu heiß. Weshalb heiraten Sie nicht hier in Jaipur?«

Sie bat uns, noch zwei oder drei Wochen zu warten, bis zum 2. Mai, dem Tag, an dem auch sie vor 25 Jahren geheiratet hatte. Ein spezieller Tag für Hochzeiten, weil die Götter in einer ganz besonderen Laune sind. Derweil erkundigte sie sich nach unseren Wünschen.

»Möchten Sie Elefanten?«

Bockhorn und ich sahen uns an.

»Jaaaa.«

»Möchten Sie Kamele? Möchten Sie ein Orchester?«

So ging es weiter.

Die Veranstaltung wurde immer gigantischer und schließlich beinahe zu einer königlichen Hochzeit, deren Vorbereitungen drei Wochen dauerten.

Zuerst mussten wir beide von je einer Familie adoptiert werden, ohne die die ganzen Rituale nicht stattfinden konnten.

Die Maharani, die von *Vogue* vor dreißig Jahren zu den schönsten Frauen der Welt gezählt worden war, kriegte einen Kick daraus, dieses Fest für uns zu veranstalten.

Ich wurde von der Maharanifamilie mütterlicherseits adoptiert und wohnte für die Dauer der Hochzeitsvorbereitungen in deren Palast.

Bockhorn wurde vom General der Armee in Jaipur übernommen. Das war von nun an sein Vater.

Was folgte, war eine Heroinfantasie aus Tausendundeiner Nacht, die ich leider nicht ohne Weiteres genießen konnte, weil ich eigentlich nicht heiraten wollte. Auch nicht hier in Indien, aber wir glaubten an Märchen, also passierten uns Märchen.

Als Dreizehnjährige hatte ich unbedingt heiraten wollen und hatte einen Schlüsseltraum, in dem ich einem Mann das Jawort gab. In diesem Moment veränderte sich meine Welt zu einem beklemmenden Albtraum, und alles, was ich denken konnte, war: »Um Gottes willen. Jetzt bin ich mit diesem Kerl für *immer* verheiratet.«

Ich lebte diesen Traum so intensiv, dass ich wusste, ich war nicht in der Lage, ein *commitment* für mein ganzes Leben zu machen.

Der Traum hat mich nie mehr verlassen. Die Ehe ist nichts für mich. Bockhorn hatte mich ja schon zu Anfang unserer Beziehung heiraten wollen und ein Happening mit 50 rosa gefärbten Schafen geplant.

Zum Glück fingen wir an, uns zu streiten, und nachdem ich wieder mit den Stones Kontakt aufgenommen hatte, wollte er mich auch nicht mehr heiraten.

Die Maharani lieh mir ein altes kostbares Hochzeitskleid mit eingewirktem Gold und ihren echten alten Schmuck. Zusammen gingen wir in die Basare und kauften Armreifen, Ketten und Fußbänder. Sie war mehr als großzügig. Die Gandhi hatte gerade eine hohe Steuer auf Kosten der Reichen erlassen, und die Maharanis hatten Schmuck und die teuersten Wertgegenstände fortgeschafft und versteckt.

Ich wurde von morgens an bedient. Zum Frühstück kamen zwei Bedienstete und brachten auf einem Silbertablett das Frühstück für mich und meine Katze – Mäusehack in einer kleinen Silberschale.

Die Einwohner der Stadt kannten uns bald und freuten sich auf die Hochzeit und das große Fest.

Bockhorn hatte den Fotografen Liesche aus Hamburg einfliegen lassen, und ich fing zu meiner inneren Rettung an, die Hochzeit wie einen Fotojob zu betrachten, und war auch mit dem Herzen nicht wirklich dabei.

Die Dauer der Hochzeit war auf fünf Tage angesetzt und begann mit einer Reihe von Verlobungszeremonien. Ich bekam Mendi, Henna, auf die Füße und Hände aufgetragen. Das ist eine zeitweilige Tätowierung, die ein bis zwei Monate erhalten bleibt, dann verwäscht sic. Solange sie Mendi hat, braucht die Braut keine Arbeiten im Haus zu verrichten.

Die Frauen führten Tänze zu meinen Ehren auf. In

der Nacht versuchte Bockhorn zu mir ins Schlafzimmer zu kommen, weil wir uns eigentlich nicht mehr sehen sollten. Als er über die Mauer in meinen Hof stieg, kreischten die Pfauen, die die Inder als Wachhunde hielten, und Bockhorn blieb nichts anderes übrig, als die Flucht zu ergreifen, bevor die Lichter im Palast angingen.

Am Tag vor der Hochzeit knallte Bockhorn mir eine über den Frühstückstisch hinweg, vor allen Angestellten, weil er das Heroin nicht fand, das ich im Bus versteckt haben sollte, und ich wollte die ganze Sache absagen. Bockhorn redete über Stunden auf mich ein, und schließlich sagte ich zu, einfach weil die Vorbereitungen schon so weit gediehen waren und das ganze Dorf sich auf die Hochzeit freute.

Bockhorn war die ganze Zeit völlig stoned, mit Mikropupillen und großen Augen saß er im Schneidersitz in dem exotischen Szenario, hinter sich seine Flagge aus dem Café *Adler*, über seinen Beinen ein türkisches Regimentsschwert, das ihm ein Verehrer in der Türkei geschenkt hatte.

Am Tag der Hochzeit band sein Vater Bockhorn den Turban aus neun Meter langer kostbarer Hochzeitsseide und steckte darauf einen Riesenbrillanten, den Bockhorn am liebsten gleich abgezockt hätte. Er konnte nicht anders. Er war und blieb ein Bandit.

Dann zog Bockhorn auf einem Elefanten von seinem Haus zu meinem Haus. Am Eingangsbogen musste er mit seinem Hochzeitsstab das Wappen über dem Eingangstor berühren. Bockhorns Sattel war aus reinem Silber, und vor dem Elefanten lief die Militärkapelle – mit indischer Blasmusik.

Hinter Bockhorn saß ein Diener, der ihm mit einem Wedel die Insekten vom Leib hielt und ihm fast das Leben gerettet hätte, weil er so stoned auf Heroin war, dass er auf seinem schwankenden Thron fast einen Blackout hatte, als er endlich zu mir geführt wurde.

Ich war verschleiert, und Bockhorn wurde mit einem Armreifen an mich gebunden. So mussten wir siebenmal um ein Feuer gehen und er schließlich den Schleier heben – damit waren wir verheiratet.

In meinem Palast fand danach ein opulentes Fest statt, und Bockhorn noddete in der prächtigen Haremskulisse herum.

Unsere Hochzeitsnacht verbrachten wir in meinem doppelstöckigen Palastzimmer voller Blumen und Girlanden über dem Bett, es duftete nach *Queen Of The Night* (Jasmin), und die kühle Nachtluft kam aus dem Garten herein, es hätte nicht mehr schöner sein können, aber ich habe mich danach nie verheiratet gefühlt. Es war ein Happening, wie man so viele Happenings machte. Und nach einer Woche steuerten wir den Bus weiter Richtung Kaschmir.

Für die Rückfahrt deckten wir uns mit Proviant ein, Haschisch und sehr viel gutem Opium, damit wir nicht gezwungen sein würden, in Persien irgendwo auf der Straße zu kaufen.

In Kandahar auf dem Campingplatz wollten wir das Dope in die Leiterholme stecken. Wir hatten extra eine dickere Leiter gekauft, weil wir so viel Dope bei uns hatten, und Bockhorn prüfte mit dem Schraubenschlüssel, wie sich der Klang des Metalls veränderte, wenn die Holme voll waren. Ich hatte von vornherein ein schlechtes Gefühl bei der Sache, aber Bockhorn wurde sauer und brüllte mich an. Der erste Ehekrach!

»Immer törnst du mich ab! Du bringst mich nur noch runter! Mit dir kann man nichts machen, ich habe nur die Handschellen an mit dir. Du hältst mich zurück in allem, was ich machen will.«

Ich hätte Bockhorn versprochen, was immer er wollte, damit er das Dope liegen ließ, und schließlich stopften wir das Zeug nicht in die Leiter, sondern bewahrten es im Kopfkissen auf.

Als wir den Campingplatz verließen, wurden wir mitten auf der Straße von Polizisten angehalten. Kontrolle. Wir versuchten uns auf einen Irrtum rauszureden. Aber die hatten unsere Nummernschilder in den Papieren und klopften zielstrebig an die Stoßstange und an die Leiter. Wir sahen uns schweigend in die Augen.

Ins Innere des Wagens haben sie nicht geguckt, und so ließen sie uns gehen.

Ich hatte das Gefühl, einfach nicht mehr zu können.

Wir hatten zwei Kilo Opium und mindestens ein Kilo Haschisch dabei, das hätte ausgereicht, uns bis ans Ende unserer Tage im Knast verrotten zu lassen. Aber Bockhorn wollte es wissen, und an der Grenze wurden wir tatsächlich rausgewunken. Bockhorn hatte die Drogen zwischen zwei Lagen Fleisch gelegt und tiefgekühlt im Eisfach aufgehoben.

Die Zöllner hatten einen Tipp bekommen. Wir mussten jeden Zahnstocher aus dem Bus packen, und nach einer Stunde standen zwei große Tische mit unseren Sachen im Sand, und die Zöllner waren dabei, jeden einzelnen Gegenstand aufs Genaueste zu untersuchen.

Das ging von morgens bis spätnachts.

Mir ist das Lächeln vergangen, aber Bockhorn hat immer weiter *Prince Charming* gemacht, die blauen Augen angezündet und mit den Typen rumgewitzelt. Die waren mittlerweile dabei, meine Farbstifte abzubrechen.

Dann kam endlich einer auf die Idee: »Wir haben den Kühlschrank vergessen.«

Bockhorn verdrehte die Augen und sagte schnaufend: »Ach, jetzt komm, Mann.«

Aber der Zöllner ließ sich nicht beirren. Er öffnete das Eisfach und schaute auf den Brocken Fleisch darin.

»Schweinefleisch«, sagte Bockhorn.

Angewidert klappte der Grenzer das Fach zu, drehte sich zu uns um und gab uns zu verstehen, dass wir unsere Sachen wieder in den Bus laden konnten.

Im Niemandsland zwischen Afghanistan und Persien haben wir dann zumindest das Opium weggeschmissen. Zum Rauchen hatten wir keinen Nerv mehr.

Die Grenze zwischen Afghanistan und Persien war berüchtigt als die schärfste Grenze überhaupt. Die Zöllner waren vom CIA ausgebildete Knochenbrecher mit schmierig zurückgekämmten Haaren, Ray-Ban-Brillen und abgeschnittenen Fingerhandschuhen.

»Was zu verzollen?«

»Nee.«

Der Typ ging gerade auf Bockhorn zu, knöpfte ihm, ohne den Blick von seinen Augen zu nehmen, langsam das Hemd auf und legte ihm die Hand aufs Herz.

»Hast du Dope? Hast du Haschisch?«

Bockhorn erwiderte den Augenfick, ohne zu blinzeln, lachte und sagte nur: »Spinnst du? Du sprichst mit einem Deutschen!«

Die haben uns tatsächlich fahren lassen, und vor der deutschen Grenze war alles aufgeraucht.

Das war auch gut so, denn die haben uns schon erwartet.

Ihre Hunde konnten sie nicht einsetzen, weil ich eine Katze dabeihatte und das die Hunde irritierte, aber sie haben uns durch und durch gefilzt, ohne etwas zu finden, und am Schluss vergessen, dass wir eigentlich hätten Zoll bezahlen müssen. Der Wagen war ja bepackt mit Antiquitäten.

Nach 622 Tagen und 55 141 Kilometern waren wir wieder in Deutschland, und in Hamburg erwartete uns der Kiez mit einer Riesenfete.

NR. 6 JUNI 7
münchne
reiheit
EXKL
CONSUL
TITEL-KA
EL-LAND DES LECHL'N · TÜRSTEHER
NCHNER IN-DISCO'S · MODE · KLATSCH

The Dark Side of the Spoon

13

Als die Party zu Ende war, merkten wir langsam, dass sich die Lage in Hamburg und auf dem Kiez in unserer Abwesenheit verdüstert hatte. Die Köpfe von ein paar gefärbten Punks waren das einzig Neue und Bunte im Straßenbild, für uns nur eine Abwandlung in einer anderen Farbe: Halbstarke, Mods – es war nicht wirklich was Neues, und ich bin auch nicht mehr drauf eingestiegen. Hamburg war nach unseren Abenteuern in Asien freudloser denn je. Die meisten unserer Bekannten waren jetzt schon mehrere Jahre auf Drogen. Der Spaß hatte aufgehört, und es war Zahltag. Links und rechts starben die Nichtsnutze weg, Fotzenole, Uwe, die Mithänger, die Labilen, die als Erste ins Gras beißen mussten, weil sie nicht über die Power verfügt hatten, den Kampf gegen die Droge zu gewinnen. Auf dem Kiez hatte der Krieg begonnen. Es galten neue, brutalere Regeln, und eine Garde von Aufsteigern hatte angefangen, sich gegenseitig zu erschießen. Ich hab mich da gar nicht mehr auf das Milieu eingelassen.

Wie sich herausstellte, hatte unsere Gewährsfrau nicht nur keine Miete für unsere Wohnung, sondern auch keinen Pfennig für das *Adler* und keine Steuern gezahlt. Uns hat es fast auf den Arsch gesetzt, als wir plötzlich 75 000 DM Schulden abbezahlen sollten.

Die Vermieter mochten Bockhorn, und so haben sie mitgespielt, als er sich selbst hinter den Tresen stellte, um das ganze Schiff wieder auf Vordermann zu bringen. Unsere Freude über das Wiedersehen mit den Freunden hielt also nur ein oder zwei Wochen, dann setzte der Hamburger Alltag wieder ein.

Bockhorn verspürte nach zwei Jahren Nichtstun natürlich keinerlei Lust, hinter dem Tresen zu stehen, und bei mir fingen die Fotojobs wieder an. Das lief allerdings nicht mehr so gut, denn ich war mittlerweile über dreißig und auch nicht mehr top. Eigentlich wären wir am liebsten sofort wieder in den Bus und weg. Aber der Bus war durchgeritten, und es sollte noch drei Jahre dauern, bis wir Hamburg wieder verlassen konnten, und in dieser Zeit ging einiges den Bach herunter. Die Hippiezeit war endgültig vorbei. Das *Adler* war runtergekommen. Dort trafen sich nur noch Luden und Fixer, der Abfall. Aus dem bunten exotischen Laden war ein düsterer Schuppen geworden, in dem wir dauernd Leute aus dem Klo ziehen und wiederbeleben mussten. Viele der Mädchen, die ich gekannt hatte, gingen mittlerweile auf den Strich, um ihre Heroinsucht bezahlen zu können, und ich wusste gar nicht mehr, wohin ich eigentlich gehörte.

Bockhorn und ich nahmen immer noch zu viel Heroin, und zwischen uns wurde es nun manchmal richtig *heavy*. Nachdem er einen Teil der Schulden abgearbeitet hatte, machte er sich nichts mehr aus dem *Adler,* und wenn Bockhorn nicht drauf war, dann lief auch nichts. Seine Antennen blieben die meiste Zeit eingezogen. Er stand vor einer undurchdringlichen Wand, weil er mich nicht unterkriegen konnte wie seine anderen Frauen, und das machte ihm mehr und mehr zu schaffen. Zu allem Überfluss wollte eine Freundin von uns dem Bockhorn ihre vierzehnjährige Tochter Nadine ins Bett legen. Die kannten wir schon, seitdem sie ein kleines achtjähriges Mädchen war. Die Mutter hatte einen Klamottenladen in Hamburg, und Nadine hatte Bockhorn von Kind auf bewundert und war unter den Augen der Luden langsam zum Teenager herangewachsen.

Der Mutter wäre es am liebsten gewesen, wenn Bockhorn mich für die Kleine verlassen hätte. Sie sah aus wie Brooke Shields – und eine Vierzehnjährige, die total auf ihn stand, war für Bockhorn definitiv eine Verlockung. Die würde er, wie er sagte, »einficken«.

Ich habe ihm am Anfang nicht geglaubt, aber als ich irgendwann von einem Fotojob zurückkam und Nacktfotos von der rasierten Pussy der Kleinen unter dem Bett fand, reichte es mir, und ich fuhr nach München zu Gisela Getty und Rainer. Ich fühlte mich nicht mehr sicher, sondern dachte, hinter meinem Rücken könne sich jetzt jederzeit etwas abspielen.

Bockhorn und ich waren in unseren Streits immer tiefer gesunken, und die meisten Gespräche waren nur noch heruntergekommene Schreiereien, sodass ich dachte, das bin nicht mehr ich, die da schreit, das ist derartig unter meinem Level.

Ich verließ Hamburg und zog nach München. Sollte der sich da ausficken. Ich wusste ja, lange konnte das nicht dauern. So angehimmelt zu werden, würde ihm schnell langweilig werden. Aber es war trotzdem wahnsinnig schwer, wegzugehen, weil ich eifersüchtig war und wusste, dass gleich jemand anders anstatt meiner im Bett liegen würde.

In München traf ich dann Rainer, Jutta, Gisela und Brigitte. Wir machten einen gemeinsamen Workshop mit Masken und ziemlich archetypischen Prinzen- und Prinzessinnenbildern. Ich hatte Bockhorn noch gewarnt, auch die Nadine und ihre Mutter: »Die wird 'ne Hure, mit den Sachen, die du mit ihr machst«, habe ich ihnen gesagt. Aber die wollten nichts hören.

»Ich ficke die nur ein!« Was sollte denn das heißen? »Ich fühle nichts dabei!« Die Kleine musste ja zur Hure werden, wenn der erste Mann sie herzlos einfickte. Ich weiß nicht genau, was Bockhorn mit ihr machte, aber nach drei Monaten war Nadines Ausbildung beendet. Bockhorn hatte das Interesse an ihr verloren.

Eine Weile suchte sie auf dem Kiez einen Ersatzbockhorn und fand schließlich auch einen Verschnitt inklusive Affen. Wenig später kam sie auf Heroin, und heutzutage sitzen Mutter und Tochter gemeinsam in einem Puff in Bremen.

Ich fuhr nach Hamburg zurück.

Der Kleinen brach es das Herz. Ich versuchte sogar noch, mit dem Mädchen zu reden, aber da war kein Durchdringen. Die wollte den Bockhorn, und die Mutter war voll auf ihrer Seite. Mir hatte seine Affäre mehr zugesetzt, als es den Anschein hatte, denn zur gleichen Zeit kamen plötzlich keine Jobangebote mehr, und ich fragte mich, wer ich überhaupt bin, weil ich immer das Gefühl hatte, alles von anderen zu übernehmen, und zum ersten Mal bekam ich Existenzängste.

»Was, wenn das mit Bockhorn jetzt nichts wird? Wie lebe ich dann?« Durch meine schlechte berufliche Situation wurde ich Bockhorn gegenüber immer defensiver und getraute mich nicht mehr, ihm zu sagen, was ich wirklich dachte, aus Angst davor, dass er mich raushauen würde. Ich war dreißig. Plötzlich war ich die alte Frau. Ich war der Horror.

Ich habe zwar auch mal versucht, spontan mit einem Jüngeren rumzumachen, der mir gut gefiel und den ich in einer Bar kennengelernt hatte. Bockhorn fand das sogar gut und sagte ermunternd: »Mach los«, aber ich konnte nicht so einfach rumficken. Da musste schon noch was anderes laufen.

Ich habe mir in der Zeit so oft gewünscht, dass ich einfach jemanden hätte, mit dem ich Bockhorn eifersüchtig machen könnte, aber natürlich war nie jemand da, wenn ich ihn gerade brauchte.

Aus München schickte ich Bockhorn gestellte Polaroids mit Gummischwanz und Niveacreme, die so aufgenommen waren, dass er nicht erkennen konnte, ob es sich um Gummi oder einen echten Schwanz handelte.

»Wer is'n der Kerl, der so 'n großen Schwanz hat?«, wollte er interessiert wissen. Ansonsten war er nicht sonderlich betroffen.

Bockhorn hat in seiner Verzweiflung sogar Rainer angerufen, der damals all seine Telefonate aufzeichnete.

Telefongespräch zwischen Bockhorn (Hamburg) und Rainer Langhans (München), etwa 1978 (© Rainer Langhans. Abdruck mit freundlicher Genehmigung)

B: Im Grunde bin ich am Nullpunkt mit ihr. Fünf Jahre daddel ich jetzt mit ihr rum, und sie hat überhaupt kein Vertrauen zu mir. Ohne Vertrauen geht die Scheiße nicht.

L: Sie hat eine Ecke in sich, der sie so wenig traut, dass sie niemandem traut.

B: Horror. Die einzige Bremse, die ich noch ziehen kann, um das Ding zu retten, ist die Schocktherapie. Sie muss durch den Horror gehen. Jetzt muss was anderes passieren, sonst stagniert sie ja.

L: Ich finde das eigentlich auch, denn das andere ist ja probiert worden.

B: Das Traurige ist, dass ich in den letzten fünf Jahren einen Sprung nach vorn gemacht habe und sie stehen geblieben ist. Das ist das Übel an der ganzen Scheiße.

Die hat Dinger drauf, da würde es einem normalen Menschen den Boden unter den Füßen wegreißen.

(Zieht hörbar Pulver in die Nase) Ich habe Beziehungstherapie mit ihr gemacht, mit einem anderen Typen. Jetzt nicht, um mich aufzugeilen, sondern, dass sie die Fotze zeigt. Da haben sie 'ne Stunde rumgefickt, und sie hat zehn Mal 'nen Orgasmus gehabt. Intensiv, nicht so 'n gequälten Orgasmus, sondern das Ding lief, und als es vorbei war, der Typ war raus, da macht sie mir die Vorhaltung und sagt, sie hat es nur wegen mir gemacht. Das Paradoxe ist, sie spritzt zehn Mal in einer Stunde und macht mir dann die Vorhaltungen.

L: Ja, das habe ich auch erlebt.

B: Verstehst du, und das ist einfach dieses Kaputte, dieses Kranke. Wo ich sie einfach nicht überzeugen kann. Genauso im Verhältnis mit der Nadine. Uschi hat das Ding nämlich provoziert und es tatsächlich auch so weit gebracht. Sodass ich keine andere Möglichkeit hatte und sie entjungfern musste, um ihr den Horror einfach zu nehmen. Wenn ich mit Nadine ficke, hat das im Grunde genommen nichts mit Ficken zu tun. Da mach ich den Lehrmeister. Ich arbeite mit dem Mädchen ganz präzise.

Wenn ich mit der Vierzehnjährigen ins Bett gehe, bin ich natürlich geil und habe einen Orgasmus, aber nicht so einen erotischen wie bei der Uschi. Bei der Nadine habe ich vom Gefühl her einen hellroten Seidenmantel an und bei der Uschi einen dunkelroten Samtmantel. Das ist ein himmelgroßer Unterschied. Ich komme mir gar nicht vor, als ob ich Uschi betrüge. Das ist ein Mädchen, die ich einficke, mit der ich zwei Jahre befreundet bin und im Grunde genommen den Meister spiele. Ich habe wirklich gute Psychofucks mit ihr. Das ist ein Mädchen, das noch gar nicht verdorben ist. Die Uschi ist ja dreißig jetzt, und fünfzehn Jahre lang ist die verdorben worden. Die Nadine ist noch gesund. Von der kriege ich auch gesunde Sachen zurück. Nicht so kaputte kranke wie Eifersucht und Ego und den ganzen Scheiß. Das ist ja das Übel.

L: Ihre Angst ist eben, dass daraus etwas entsteht, wo diese Krankheit, wie du sie nennst, bei ihr etwas ist, was eben dann doch unterliegt gegenüber dieser sogenannten Gesundheit, die die Jüngere hat.

B: Die Nadine kann mir das ja gar nicht bieten, was mir die Uschi bietet. Die Uschi ist ja eine reife Frau. Mit der Nadine kann ich ja kein Verhältnis haben. So gut kenn ich mich und die Frauen. Das Einzige, was ich beherrsche, sind tatsächlich die Weiber.

L: Na ja. Wenn du sicher bist.

B: Ja, ja, da bin ich mir ganz sicher.

Wenn meine Frau mit einem anderen Typen ins Bett geht, dann verlange ich, dass sie 'n bisschen ihre Birne anstrengt und ihr Bewusstsein und sich nicht ficken lässt, sondern selbst fickt. Wenn sie geil ist und einen anderen Typen aufreißt, habe ich überhaupt nichts dagegen, nur verlange ich von ihr, dass sie nicht benutzt wird, sondern sie muss benutzen. Nicht sich aufreißen lassen, bei Mondschein mit 'm lauen Spruch. Dann kränkt sie mich. Sie kann mit der ganzen Welt ficken, und ich weiß, sie springt mir nicht ab, weil ich weiß, ich pass zu ihr bestens. Sie hat sich mit *Quaaludes* vollgepumpt, damit sie eine Entschuldigung hat, und dann hat sie rumgefickt.

Ich weiß für mich selber das Quantum, was mein Körper vertragen kann, wo es Medizin ist. Wenn ich über dem Quantum bin, dann ist es Gift. Ich knall mir das Zeug nicht rein, dass es Gift ist, sondern dass es tatsächlich Medizin ist.

L: Jemand, der immer Medizin nimmt, der weiß auch, dass er 'ne Krücke noch hat. Die eigentlich dafür gedacht ist, dass man sie eines Tages wieder ablegt.

B: Du bist … Jetzt mal bildlich gesehen biste Heiliger, und ich bin ein Krieger …

L: Das hat nichts mit heilig zu tun. Das weiß jeder. Selbst Medizin, was noch ein sehr schwacher Ausdruck für Heroin ist. Leute, die immer Medizin nehmen, das sind Leute, bei denen man weiß, die machen irgendwas nicht, die drücken sich irgendwo.

B: 99 Prozent sind stoned, und ich bin high. Und das ist der Eisprung überhaupt, ne? Ich habe in meinem Leben ganz, ganz wenige Leute getroffen, die die Droge genommen haben und high geworden sind. Die meisten sind alle stoned, weil sie alle kaputt sind. Und die Droge macht ja noch sensibler, also sind sie noch verkrampfter und noch verklemmter.

L: Irgendwann muss er die Krücke oder die Medizin wieder absetzen, weil er das, was er dadurch bekommen hat, nicht mehr dadurch herstellen muss, sondern selber kann. Das wäre Stärke.

B: So gesehen bin ich noch zu schwach dazu. Bei mir sieht es so aus, dass ich tatsächlich am Ende bin. Dass ich nicht mehr die Kraft hab, irgendwo das Ding durchzuboxen mit ihr.

L: Das wundert mich sowieso. Weil ich weiß, welche Kraft dich das kostet. Ich weiß auch, was sie für ein Brocken ist. Ich bewundere dich da schon. Ich wünsche ihr übrigens, dass du noch ein bisschen weitermachst, weil ihr eigentlich nichts Besseres passieren kann.

B: Ich bin richtig ausgelutscht. Die ersten zwei Jahre dachte ich, ich schaffe es in kurzer Zeit. Ich habe gedacht, die bügele ich in einem halben oder einem ganzen Jahr um. Dann ist die Sache gebongt. Die ganzen Eskapaden, die ich gemacht hab, um ihr zu zeigen, dass sie Vertrauen zu mir haben kann, ist alles in den Wind. Die ist alles umsonst gewesen, die ganze Scheiße. Jetzt bin ich einfach lustlos. Ausgelutscht. Richtig müde.

L: Sie sitzt auf einem drauf, bis einem die Luft wegbleibt.

B: Mir wäre am liebsten, sie wär tot. Sie ist ja pervers bis in die Knochen. Sie denkt ja, ich will was Schlechtes von ihr. Lange kann sie das sowieso nicht durchhalten. Es muss ja was in ihrer Birne passieren. Nur den Arsch hinhalten, das ist ja auch auf die Dauer langweilig.

L: Sie hat auf der einen Seite die große Frauen- und Mutterecke, die ist total positiv. Dafür ist die Männersache so ungeheuer negativ, damit bezahlt, dass du da selbst auf den Knien rutschst.

Solange du ihr klarmachst, dass du sie unter anderem auch deshalb liebst, weil sie das tolle Vollweib ist, aber im Grund genommen ja damit draufgehst, dann stützt du sie in der Sache, die dich kaputt macht. Und zugleich willst du aber, dass du nicht kaputt gemacht wirst, und bist da in einem Widerspruch in dir selbst, der dich noch mal in die Knie zwingt, weil er in dir selber ist und nicht nur in ihr.

Du kannst nicht das Vollweib haben und zugleich die geistige Frau. Entweder Vollweib und damit die große Gefahr, von ihr verschlungen, fertiggemacht zu werden, wie dir es jetzt passiert, oder aber etwas Verzicht auf das Vollweib und dafür eine Frau, die mehr sich dem Menschsein nähert, also auch das Männliche in sich entwickelt hat.

B: Ich will auch schon ewig ein Kind haben. Die ist nicht fähig, die alte Sau, mir ein Kind zu schenken. Ich habe noch nie einen Menschen gesehen, der bösartiger ist. Bösartig ist gar kein Ausdruck – einfach taktlos und verletzend. Da bleibt mir die Luft weg. Das ist tödlich. Nachdem der Typ (Stricher) gegangen war, gab es so eine stille Minute zwischen uns, so mit Händchenhalten. Dann ist sie wieder ausgerastet und hat mir den Horror gleich rübergeschoben, anstatt ihn bei sich zu suchen, dass mir die Decke auf den Kopf gefallen ist. Ich wollte sie am liebsten erschlagen … (Pause) … Ich bin elf, und sie ist 'ne alte Frau.

…

●

Was sollte ich dazu sagen?

Ich denke, dass im Leben immer die aufeinanderkommen, die sich richtig Feuer geben können, und so wie Bockhorn redete, so bereden Luden ihre Alten, das hatte ich auf dem Kiez hundertfach mit angehört. Sobald die Alte ein Argument gegen den Luden auffährt, kommt der Lude von einer anderen Seite: »Du verstehst mich nicht, ich will es dir noch einmal anders erklären.« Ich hatte schon ganz zu Anfang gerochen, dass das *Bullshit* ist und der nur mit Wasser kocht, auch wenn ich das nicht ausdrücken konnte. Ich habe immer auch sofort die Schwächen der Männer erkannt und benutzt. Und Bockhorn hat einfach wahnsinnig kompensiert, so wahnsinnig viel kreiert und in Gang gesetzt. Seine Schwäche war, dass er das nicht zugeben konnte.

Die beste Lösung unserer Probleme schien darin zu bestehen, gleich wieder aus Hamburg zu verschwinden, und so trieb Bockhorn einen *Salamander*-Bus auf, einen großen *Mercedes* ohne Fenster, mit dem *Salamander* über die Dörfer gefahren war, um die neue

Kollektion vorzustellen. Jedes Jahr stießen sie ihre alten Busse ab, und wir bekamen den letzten aus der Serie für 4000 Mark. Bockhorn legte sich so ins Zeug, dass wir ein Ersatzteillager von 10 000 Mark umsonst mitbekamen, weil der Meister des Wagenparks Bockhorn ins Herz geschlossen hatte.

Die Arbeit am Bus, der von Grund auf überholt wurde, mit Fenstern versehen und nobelst eingerichtet zu einem fahrenden Haremsgemach werden sollte, bestimmten für die nächsten zwei Jahre unser Leben in Hamburg. Es gab wieder etwas, worauf wir uns freuen konnten, was auch dringend nötig war, denn wir waren unterdessen wieder in den Hamburger Drogenalltag zurückgefallen. Leute, mit denen ich normalerweise keinerlei Kontakt gehabt hätte, gingen durch die Drogen bei uns in der Wohnung ein und aus – der Abschaum, das Unterste, Windigste, was Hamburg zu bieten hatte, trieb sich herum und ließ uns auch noch warten. Das war das Spiel der Heroinsüchtigen.

Bockhorn kam durch das Heroin immer schlechter drauf. Auf Sex hatte er schließlich überhaupt keine Lust mehr, und die Erotik zwischen uns, die am Anfang so eine Freude für mich gewesen war, wurde zum Horror.

Trotzdem stand Bockhorn jeden Morgen um sieben auf und arbeitete am Bus.

Das war so aufwendig wie der Bau eines Hauses – Elektrizität, Abflüsse, Bullaugen, Badewanne, Kühlschrank, die Wände wurden verschalt und mit Schaum isoliert, der hinter die Verschalungen gespritzt wurde. Der Bus wurde zum Treffpunkt seiner Freunde, und dauernd schauten Leute vorbei auf einen Joint und ein paar Flaschen Bier.

»Bockhorn, hast du dir deinen Bus mal von außen angeguckt?«

Während Bockhorn innen die Verschalung isolierte und eine Schaumpatrone nach der anderen in die Wände drückte, war der Schaum draußen durch jedes Bohrloch ins Freie abgegangen, und der Wagen sah aus wie ein Rastafari. Im Bad war die gesamte Verschalung abgesprungen, so viel Schaum hatte er schon reingedrückt. Aber durch solche Rückschläge ließ er sich nicht entmutigen.

Um den Bus richtig und nach unserem Geschmack einzurichten, gingen Bockhorn und ich auf regelrechte Raubzüge: bei *Dunlop, Suzuki, Knoll* und *Barrakuda,* wo man uns eine ganze Taucherausrüstung vermachte, inklusive Flaschen und Anzügen.

»Die haben's. Wir nicht. Also hin da«, war Bockhorns Philosophie in diesen Dingen. Ich bewunderte ihn für seinen Mut und seine freibeuterischen Talente, die mir fehlten. Aber durch meine Berühmtheit und seine Dreistigkeit gaben wir ein perfektes Team ab, und so fuhren wir direkt zu den Werken und ließen uns immer gleich den Chef geben.

»Leider in einer wichtigen Besprechung«, hieß es dann.

Aber Bockhorn hat sich gar nicht erst abwimmeln lassen, sondern gleich mit der Hand auf den Tisch gehauen. »Erzähl deinem Boss, Dieter Bockhorn und Uschi Obermaier sind hier.«

Meistens hatten sie dann doch Zeit, und gegen Promotion, ein Foto in der Tageszeitung oder manchmal auch nur einen Aufkleber auf dem Wagen wurde der Bus nach und nach perfekt ausgestattet.

Die Ledermöbel einer deutschen Designerfirma gefielen uns so gut, dass wir noch am selben Tag zum Werk fuhren, um den Besitzer zu sprechen.

»Was woll'n Se denn?«, fragte der Pförtner.

»Uns 'ne Ledercouch schenken lassen.«

»Sie sind ja verrückt.«

»Wetten? Um 'n Kasten Bier?«

Wir gingen hoch in die Chefetage, und am Schluss führte uns der Besitzer selbst im Werk herum. Wir bekamen unsere Ledercouch, zwei Stühle, Nageletuis, Taschen, Koffer, Waschbeutel – was wir wollten. Irgendwann kam der Pförtner ins Lager, und Bockhorn sagte zu ihm: »Du schuldest mir 'n Kasten Bier.«

Sony stattete uns mit Fernseher, Videorekorder und Radios aus – und unser Bus wurde langsam zu einem

Kunstwerk, einer Mischung aus Hightechambiente und Opiumhöhle, und wir freuten uns beide tierisch auf die Reise, die diesmal durch die Vereinigten Staaten gehen sollte.

Bei *Mercedes* in Stuttgart, wo Bockhorn die Lackiererei machen lassen wollte, entdeckte er in der Werkstatt ein Brett, an dem die Lackierer seit zwanzig Jahren ihre Sprühpistolen ausprobierten. Er bot ihnen einen Kasten Bier und ein neues Brett dafür. Es stiftete reichlich Verwirrung, als wir ein paar Tage später auf dem Werksgelände vorfuhren und den *Mercedes*-Bossen in Stuttgart die Stiftung eines modernen Kunstwerks präsentierten. Als ich das Laken von dem alten Lackierbrett zog, herrschte wenig Beifall und eher Befremden.

Bockhorn erklärte ihnen schließlich, dass es sich hier um Kunst aus zwanzig Jahren *Mercedes*-Lackgeschichte handelte, und die Mienen der Vorstandsetage erhellten sich. Schließlich wurde das Brett gerahmt und gut sichtbar in der Eingangshalle des Ausbildungszentrums aufgehängt.

Als Gegenleistung wurde unser Bus noch einmal im Werk auf Herz und Nieren geprüft, und wir erhielten eine Fünf-Jahres-Garantie für Reparaturen. Der Bus stand eine volle Woche in Mannheim, und die Arbeiter in der Werkstatt erklärten die Mobilmachung des Busses zu ihrer Privatsache. Schließlich verfügten wir über einen alaskatauglichen Bus mit Spezialzünder für den Diesel, dessen gesamte Dichtungen ausgetauscht worden waren und bei dem keine Schraube unberührt geblieben war. Der Bus war außerdem mit einer 1-a-Lackierung versehen worden.

Während der Arbeit am Bus hatten wir allerdings nicht mehr so viel Interesse am *Adler,* das ließen wir nur noch so nebenbei laufen. Die Kohle kam, und wir stotterten Schulden ab.

Wenn ich auf Jobs war, hörte ich, dass Bockhorn auf dem Kiez langsam durchdrehte und nachts mit einer Peitsche durch die Läden zog, die Drinks von den Tresen fegte und Barfrauen verängstigte. Obwohl die Kiezleute ihn eigentlich mochten, trieb er es langsam zu weit.

Unter seinen Freunden waren immer mehr Primitivluden, dazu kam noch eine Ladung Zuhälter aus Mannheim, brutale Nichtse, die nur noch Laute von sich gaben, wie breit sie wären, und ich zog mich fast völlig aus der Szene zurück. Bei den Luden war Haschisch jetzt das große Ding. Sie drehten sogenannte Doppeljoints, die aussahen wie Schleudern, und schafften es erstaunlicherweise, davon noch doofer zu werden.

Bockhorn tauchte periodisch mal unter der Bezeichnung »Prinz vom Kiez« in den Zeitungen auf, was ihm gut gefiel, bei den anderen aber allmählich böses Blut aufkochen ließ: Bockhorn war nicht der Prinz. Er hatte ja nicht einmal einen Puff.

Einige seiner alten Freunde wurden neidisch, als sie merkten, dass er keiner von ihnen war und auch auf die Kiezsache nicht mehr einstieg, sondern sich selbstständig machte. Das konnten sie nicht verknusen. Plötzlich musste jeder Lude seinen Bus haben. Inklusive Bockhorns bestem Freund Harry, und jeder Bus musste noch größer und protziger sein als unserer.

Harry war Puffbesitzer und hatte schon ein Haus mit Swimmingpool, wo er auf seiner Plattform Dröhnpartys gab, auf denen entweder *Heavy Metal* oder totaler Kitsch lief. Luden, so fand ich heraus, haben einen total sentimentalen Geschmack. So etwas wie die Stones durfte da nicht gehört werden. Bei Harry hingen Norbert Grupe, Marita, eine Puffmutter, Frankie, Waldy und Nadine, die Vierzehnjährige, herum, und die männliche Bevölkerung knallte sich zu und kratzte sich zwischendurch vergewissernd am Sack. Durch ein Loch in Harrys Kleiderschrank konnte man auf die Toilette sehen. Da haben sie sich vergnügt und den Frauen beim Pinkeln zugeguckt. Ein Arbeiter, der Harry Geld gestohlen hatte, beging den Fehler, es ausgerechnet auf der Toilette abzuzählen. Dem gaben sie nur eine Warnung, aber oft lief es nicht so glimpflich ab. Norbert Grupe nahmen sie sich dann mal zu siebt vor, aber der hat sich selbst davon wieder erholt.

Ein schwarzes Besatzerkind wollte dann der Prinz vom Kiez werden, und Bockhorn war ihm ein Dorn im Auge. Die jungen Luden hatten auch unter sich keine Ehre, die Geschäfte auf dem Kiez liefen schlechter, und Geiermentalität stand hoch im Kurs. Die Gruppen zerstritten sich immer schneller, und ohne Vorankündigung stellte Harry sich plötzlich gegen Bockhorn. Angeblich auch, weil er sich in den Läden als Prinz aufspielte.

Eines Abends ließ der Schwarze Bockhorn eine Warnung zukommen, aber natürlich hat Bockhorn sich überhaupt nicht darum gekümmert. Der Schwarze war einer der brutalsten Schläger der Meile und bekannt dafür, dass er seinen Opfern den Cowboystiefel auf den Hals setzte und ihnen seine Bierblase ins Gesicht entleerte. Zwei oder drei Nächte später kam Bockhorn nach Haus, und der Schwarze hatte ihn satt und lebensgefährlich zusammengeschlagen. Um ein Haar wäre er gestorben, und das war der Bruch.

Nachdem sein Freund Harry auf einmal abgedreht war und sein anderer Freund, der Boxer, ihn verließ, weil Bockhorn ein Eselsohr in eine Seite seines Portfolios gemacht hatte, war Bockhorn tief verstört. Wegen solcher Kindereien eine Freundschaft aufzukündigen, entsprach genau der Krabbelgruppe von Schwachsinnigen, die der Kiez für mich noch war. Aber für Bockhorn stürzte eine Welt ein.

Eines Morgens, wir lagen noch im Bett, ballerte es gegen unsere Wohnungstür.

Der Boxer war draußen, aber Bockhorn machte trotzdem auf.

Der Boxer stürmte mit Frankie rein, und noch im Bett liegend, hörte ich, wie sie tierisch anfingen zu brüllen und sich zur Schlägerei aufputschten. An den verschleppten Endungen und der Primitivstsprache merkte ich, dass sie die ganze Nacht unterwegs gewesen sein mussten und noch immer total drauf waren.

»Öich brinngg dichumm!«, schrie der Boxer immer wieder, während unsere Gläser und Scheiben krachten.

Ich bekam es mit der Angst und schlich mich aus dem Bett am Wohnzimmer vorbei, wo ich sah, dass der Boxer den Glastisch eingetreten und das Telefon aus der Wand gerissen hatte. Bockhorn sollte ihm den Bus übergeben, sonst würde er ihn umbringen. Ich warf mir schnell einen Mantel über und war auf dem Weg ins Treppenhaus, von wo ich ihnen fairerweise noch zurief, dass ich jetzt die Schmiere holen würde.

Das war ein grober Verstoß gegen die Kiezregeln, aber ich hatte entweder die Wahl, meinen Alten umbringen zu lassen, oder die Polizei zu holen. Die Polizei war das Einzige, womit man denen einen Schreck einjagen konnte. Vom Gemüsemann aus habe ich dann die 110 gerufen.

Natürlich waren sie weg, als die Polizei vor der Tür stand.

»Nee, war nix«, sagte Bockhorn.

»Wir haben doch unten Frankie gesehen. Der ist doch auf Bewährung. Und den Boxer.«

»Is nix, guter Mann.«

Die merkten, dass Bockhorn noch zitterte und dass er versuchte, den Kiezkodex zu wahren.

»Wenn Sie wieder Schwierigkeiten mit dem Boxer haben, Herr Bockhorn, dann tun Sie uns einen Gefallen und schießen Sie ihn ab. Dafür wären wir Ihnen auch noch dankbar. Aber lassen Sie ihn vorher über Ihre Schwelle. Wenn Sie ihn im Flur erschießen, sind Sie selbst dran.«

Dann ging die Polizei wieder.

Na, und wie halt Ratten sind, wenn einer stürzt, kommen sie alle aus ihren Löchern raus und fallen über ihn her. Dann sind sie besonders stark. Das letzte halbe Jahr bekamen wir deshalb Tag und Nacht Drohanrufe.

»Sag ma deinem Alten, der feigen Ratte, er soll in die Ritze kommen und den Schlüssel für den Bus abgeben.«

Da waren schon Leute dabei, die wir überhaupt nicht mehr kannten.

»Pass auf, dass du nicht auch eine aufs Maul kriegst.«

Bockhorn und ich schliefen nur noch mit einem geladenen Revolver neben dem Bett, und ich hatte schon ein Seil am Balkon befestigt, um mich vom vierten Stock abzuseilen, falls sie kamen. Wir hatten beide Todesangst, und es wurde dunkler und dunkler.

Alles und jeder versuchte, uns festzuhalten, weil klar war, dass wir für immer gehen wollten und nicht nur auf Urlaub. Wie in einem Sumpf schienen wir mit einem Mal im deutschen Alltag verwurzelt. Das Finanzamt, die Familie, die Freunde, keiner wollte uns gehen lassen – obwohl niemand mehr etwas mit uns anfangen konnte.

Wir lösten unsere Wohnung auf und nahmen nur mit, was in den Bus passte. Die ganze Abfahrt wurde immer teurer. Das Finanzamt wollte Geld, selbst die Brauerei, und gleichzeitig rutschten wir immer weiter in die Heroinsucht.

Bockhorn fing schon an, die schönsten Antiquitäten für einen Lacher wegzugeben, nur weil wir Dope brauchten und den Dopegeiern die guten Sachen zu Spottpreisen überlassen mussten, und dann kam gar kein Geld mehr rein, weil das *Adler* wegen Drogenhandels geschlossen wurde.

Den Bus brachten wir vorsichtshalber nach Bayern auf den Bauernhof meiner Cousine, damit er uns nicht noch angezündet wurde, und ich bin in Bayern ge-

blieben, während Bockhorn allein die Wohnung auf-
löste. Bockhorn trug jetzt schon immer eine Waffe.

Dass seine Freunde ihn so geditscht hatten, haute
ihm ganz schön rein, und die ganzen anderen Eier-
diebe kamen auch noch dazu. Die Geister, die er be-
schworen hatte, holten ihn schön ein.

»Ich komme nie wieder nach Deutschland zurück«,
sagte er. »Nicht mal tot. Da will ich nicht mal begra-
ben werden.«

Bei Harry musste er Schulden abdrücken. 30 000
Mark. Vom Zocken. Die zahlte ich aus meinem Anteil
am Haus meiner Eltern, und damit waren auch meine
Rücklagen aufgebraucht, aber das war es mir wert.

Ich wollte was von der Welt sehen und nicht irgendwo verrotten. Bockhorn hat Feuerschlucken und
andere Tricks gelernt, um uns auf der Straße durch-
zubringen.

»Notfalls lassen wir deinen Hund auf einem heißen
Blech tanzen«, lachte er. Er ließ sich sogar extra einen Feuerschluckeranzug mit Zacken und Flammen
schneidern. Ganoventricks, wie man falsch Geld raus-
gibt und beim Hütchenspiel seinen Schnitt macht, die
hatte er eh zur Genüge drauf, und irgendwann, als
tatsächlich gar nichts mehr zu gehen schien, da waren
wir bereit für die nächste Runde.

Wieder weg

14

Nach einer Probefahrt durch Deutschland wollten wir mit dem Bus per Schiff von Bremerhaven aus nach New York übersetzen. Weil wir wussten, dass die Wagen auf der Überfahrt gewöhnlich ausgeplündert wurden, suchten wir eine holländische Schifffahrtslinie aus, die uns versprach, dass der Offizier auf den Bus achtgeben würde.

Wir lieferten den Bus in Bremerhaven ab, und Wieland und meine Cousine kamen, um uns mit zurück nach Hamburg zu nehmen, wo wir eine

Abschiedsparty feiern und von dort aus in die Staaten fliegen wollten.

Knappe zwei Stunden bevor das Schiff in Bremerhaven ablegen sollte, teilte uns die Schifffahrtslinie plötzlich mit, dass sie keine Verantwortung für den Bus übernehmen könne und der Bus offen bleiben müsse, weil sie vier verschiedene Häfen vor New York anliefen und der Bus unterdessen bewegt werden musste.

Bockhorn rastete total aus und bestand darauf, dass wir auf dem Frachter mitfuhren.

Die Reederei lehnte das ab, weil es sich um ein Containerschiff handelte.

Bockhorn sagte, dass er da nicht drauf stillhalte, und da ein Fernsehteam bereitstand, um die Abfahrt des Busses zu filmen, war in kurzer Zeit der Schiffseigentümer dort, der uns für die Reise seine Suite mit Bad bereitstellte.

Wir hatten nicht geahnt, dass wir so schnell abfahren mussten, und glücklicherweise hatte Wieland noch ein Heck Shit in der Tasche, das er uns zusteckte.

Bockhorn hatte immer einen Vorrat Methadontabletten dabei, weil er dabei war, zu entziehen, und in den Staaten kein Heroin mehr nehmen wollte.

Die Überfahrt, die zehn Tage dauern sollte, wollte er jetzt dazu nutzen, völlig clean zu werden. Aber wir liefen gleich mit Maschinenschaden in Antwerpen ein.

Unsere Kabine lag direkt unter der Komman-
dobrücke, von wo wir das ganze Schiff übersehen
konnten.

Am ersten Tag aßen wir noch in der Offiziersmesse,
dann setzte ein fürchterlicher Sturm ein, in dessen
Verlauf sich einer der riesigen Container löste und
auf dem Schiff hin- und herschlidderte, während bei
Bockhorn der Heroinaffe auf den Rücken sprang,
weil er seine Methadontabletten an ein paar Luftballons gebunden und sie fliegen gelassen hatte.

Bockhorn wollte versuchen, es auch ohne Hilfe zu schaffen, und tauchte gar nicht mehr an Deck
auf, sondern wälzte sich stöhnend in seiner Koje und
schwitzte zitternd das Gift aus. Ihm war der Sturm
wurscht, und abwechselnd langweilte oder fürchtete
ich mich halb zu Tode.

Als wir am 28. November endlich in New York ankamen, war Bockhorn gesund, und am Zoll nahm
man uns zunächst mal unser Gewehr ab, das wir in
Afghanistan mit Perlmutt und Schnitzereien hatten
versehen lassen.

Es war *Thanksgiving Day*, ein kalter, grauer Tag in
New York, und wir hatten nur deutsches Geld, weil
wir keine Zeit zum Tauschen gehabt hatten. Alle
Geschäfte waren geschlossen, und so beschlossen
wir, einen Abstecher zu Halko nach Connecticut zu
machen.

Als wir nach NY zurückkamen, war eben John Lennon erschossen worden.

»Lass uns bloß losfahren«, sagte Bockhorn, und wir machten uns gleich auf den Weg nach Florida, wo wir vorhatten zu überwintern. Von dort wollten wir uns langsam an die Westküste vorarbeiten.

Mit Bockhorn im Bus zu sein war wieder schön, und mit jeder Meile Highway fiel der Hamburger Horror weiter zurück und wuchsen wir wieder zusammen.

Wir waren einfach als Nomaden am glücklichsten, und nachdem Bockhorn das Heroin für immer aufgegeben hatte, tauchte er aus der Versenkung auf und wurde wieder zu dem optimistischen Mann, in den ich mich verliebt hatte.

In Oregon fuhren wir auf Baghwans Ranch und wollten ihn uns ansehen. In den Rolling Hills waren sie gerade dabei, den Aschram aufzubauen, und die Baghwanis verlangten dafür, dass wir mit dem Bus in der Nähe des Geländes parkten, bereits horrende Preise. Als Baghwan am nächsten Mittag in einem von seinen hundert Rolls-Royces vorbeifuhr, fingen die Sanyassins vor Rührung an zu heulen. Ich hatte immer noch Angst, dass Bockhorn, der Kieztyp, sein Ego aufgeben und mit fliegenden Fahnen zu Baghwan wechseln könnte, aber weder Bockhorn noch ich empfanden was bei seinem Anblick.

Bald trafen wir auf einen alten Fischer, der Bockhorn in die hohe Kunst des Angelns einweihte, und von da an war Bockhorn dem Angeln verfallen.

Wir fuhren quer durch die USA, vom Meer zum Fluss, vom See zum Wildbach.

Mir war das recht, ich konnte mich um meine eigenen Sachen kümmern, und abends brachte er die toten Fische mit und kochte sie. »I am her driver, lover, cook, and bodyguard«, sagte er den Leuten lachend, die ihn fragten, ob wir verheiratet wären.

Wir vermieden große Städte wie Miami, wo ein Altersheim neben dem anderen stand. Die Polyesterfarben an den Menschen und den Gebäuden fanden wir abstoßend, und dazu kam, dass man an den Keys nicht einmal wild parken durfte – jedenfalls nicht am Meer.

Abends fuhren wir mit unserem Aluminiumboot zum Krabbenfangen in die Mangroven, und als wir eines Tages leer ausgingen, kam Bockhorn auf die Idee, zum Abendbrot die Lobsterkäfige auszuräumen.

Er zog einen aus dem Wasser, doch bei dem Versuch, ihn an Bord zu ziehen, brach die Latte ab. Wie in Zeitlupe verlor er das Gleichgewicht, dann drehte sich das Boot, und schließlich lagen wir beide im Wasser.

Weit und breit war niemand in Sichtweite, der uns beim Lobsterklau hätte beobachten können, und mein schweres afghanisches Herbstkleid zog mich mit Macht nach unten. Fast eine Stunde klammerten wir an dem Boot, bis uns kurz vor Einbruch der Dunkelheit ein kleines Privatflugzeug entdeckte und ein Boot schickte, das uns schließlich rettete.

Ein anderes Mal war Bockhorn allein draußen, als rasend schnell schwarze Gewitterwolken aufzogen und es über dem Wasser losbrach.

Ich fing an zu beten und bat Gott um mindestens noch drei Jahre mit Bockhorn, und dann kam er.

Nach drei Monaten Florida sind wir weiter, an der Küste entlang über Louisiana und Alabama Richtung Westen, und allmählich fingen wir an, uns zu langweilen, weil wir 24 Stunden am Tag zusammen waren, und wir überlegten, wie wir die Sache sexuell wieder ein wenig aufmöbeln könnten.

Wir verstanden uns gut und machten ab, dass jeder andere Partner haben durfte, wenn beide zustimmten.

Es war ein gutes Gefühl, meinen Mann mal ausleihen zu können, ohne Angst haben zu müssen, dass mir gleich alles weggenommen wurde.

Dadurch gewann ich Kraft und Stärke. Ich ging sogar zu Frauen hin und sagte ihnen, dass der Bockhorn echt ein guter Typ sei und gern die Nacht mit ihnen verbringen würde.

»Aber pass gut auf. Er is' nur ausgeliehen.«

Von denen hörte ich dann am nächsten Morgen, dass Bockhorn die Hälfte der Nacht nur von mir geschwärmt hätte und davon, was ich für eine tolle, begabte Frau wäre.

Ich habe mich wie die Königsbiene gefühlt – da fühlte ich mich nicht betrogen, wie von einem Suppenhuhn oder einer Fotze, die mir das Messer im Herzen herumdrehen konnte, weil sie hinter meinem Rücken mit meinem Alten geschlafen hat. Und Bockhorn konnte nicht sein ganzes Leben mit einer bleiben – das kann kein Mann, glaube ich.

Wie schön es war, loslassen zu können! Und Bockhorn war happy, weil er sich als Mann beweisen konnte.

Ich war happy, weil ich meinem Mann solche Geschenke machen konnte. In unserer Geschichte war natürlich wieder Feuer drin, weil wir uns unsere Abenteuer gegenseitig erzählten. Bockhorn blieb aber dabei, dass es bei mir am schönsten sei.

In Mobile, Alabama, standen ein paar Jungs auf der Straße, die mich total geil fanden, und Bockhorn arbeitete ein bisschen vor, erkundigte sich nach den Angelplätzen und machte dann Andeutungen: »Na, wie wär's denn vielleicht mit meiner Alten für einen von euch?«

Die Jungs waren natürlich ganz aufgeheizt, aber als ich mit einem von denen loslegen wollte, kriegte ich meine Tage und sagte die Sache doch noch im letzten Moment ab.

Für Bockhorn trieb ich in Mobile eine rotzige Biene auf, die wir *Alabama* tauften, weil sie so einen starken Akzent hatte.

Die beiden verbrachten eine Nacht zusammen, in der sie sich tödlich in ihn verliebte. Noch lange danach bekamen wir hauptpostlagernd heiße Liebesbriefe.

Das musste der Neid Bockhorn lassen; wenn's drohte lauwarm zu werden, hat er sofort was Neues aufgerissen und sich auf Risiken eingelassen. Ich war die Ängstlichere, obwohl auch ich immer das Feuer spüren musste. Diese Risiken taten zwar oft auch weh, aber das musste ich in Kauf nehmen und wollte es auch nicht anders.

In New Orleans traf ich auf einen alten Seemann, der ein Meister im *scrimshaw* war, der Kunst der Elfenbeinschnitzerei. Für eine Kette aus Afghanistan hat er mir Elfenbein, Werkzeuge und eine kleine Lehre getauscht.

Ich begann Elfenbein zu tätowieren und wurde auf dem Weg nach Kalifornien auch sehr gut darin, und als der Winter kam, fuhren wir runter nach Baja, wo es damals noch sehr wild zuging und hauptsächlich Hippies und Aussteiger ihre Busse und Zelte aufgeschlagen hatten.

Dort fanden wir eine Menge Freunde und blieben vier Monate, bis wir weiter durch die Staaten tourten.

Von da an sind wir jeden Winter nach Baja und hatten unseren festen Standplatz dort. Das Jahr über fuhren wir dann durch die Staaten und besuchten die Leute, die wir im Winter in Baja kennengelernt hatten.

Nach einem Jahr wurde das Geld langsam knapp.

Bockhorns Briefmarkengeschichte – er wollte Marken in der Erdumlaufbahn abstempeln lassen und dann auf der Erde teuer verkaufen – hatte nicht funktioniert. Ich habe mich für seine Geschichten nie sonderlich interessiert, aber nach einem Jahr *on the road* musste ich allein wieder nach Deutschland fliegen, wo ich noch einen wertvollen Teppich und Leopardenfelle besaß, die ich verscheuern sollte.

Die Leute in Hamburg merkten natürlich, dass ich das Zeug dringend loswerden musste, und drückten die Preise unglaublich. Mit ein paar schlappen 1000 Mark bin ich dann wieder zurück nach Los Angeles.

Ich fand es zwar link von Bockhorn, mich allein zu schicken, aber er blieb dabei, dass er selbst als Leiche nicht mehr zurück nach Deutschland wollte.

In Venice, Kalifornien, hatten wir einen festen Stellplatz auf einem öffentlichen Parkplatz direkt am

Strand, obwohl es eigentlich verboten war, dort die Nacht zu verbringen. Aber die örtliche Polizei kannte uns und unseren Bus und ließ uns in Ruhe.

Dort standen wir ein paar Monate und lernten wahnwitzig viele Leute kennen, die sich von dem Bus angezogen fühlten und bei uns haltmachten.

Unter anderem auch Spider, ein schwarzer Punkrocker mit lila Irokesenschnitt, der mir gefiel. Bockhorn wollte nicht, dass ich was mit dem anfange, und das ärgerte mich, weil er seinerseits mit einer üblen Schlampe rummachte, die mir überhaupt nicht gefiel. In Venice schlich er sich unter immer fadenscheinigeren Gründen vom Bus fort, und irgendwann sah ich, dass seine Schlampe schon an der Ecke stand und auf ihn wartete. Ich war sauer und verschwand mit Spider in der Wohnung meiner deutschen Freundin Gabi.

Als ich zurückkam, fragte Bockhorn mich, ob ich was mit dem Spider gehabt hätte.

Er sah wohl seine Felle davonschwimmen, Musiker, gut aussehend, Punk – von Musikern hatte er seit den Stones eh sein Trauma weg.

»Wir haben wohl nicht nur Händchen gehalten«, sagte ich schnippisch.

Und plötzlich hatte Bockhorn seinen Revolver in der Hand und fuchtelte mit der Knarre vor meinen Augen herum.

Ich hatte keine Sekunde Angst, dass der auf mich schießen würde – alles ging so schnell, und er schrie dabei wie ein Wahnsinniger, aber ehe ich mich umdrehen konnte, um aus dem Bus zu rennen, drückte er auf mich ab. Der Abzug klemmte, und vor Wut schlug er mir mit dem Revolver ins Gesicht, knapp neben mein rechtes Auge.

Ich flüchtete sofort aus dem Bus und in die Wohnung meiner Freundin.

Diesmal hatte ich die Nase voll von Bockhorn und wollte nicht mehr mit ihm rumfahren, und er warf meine Klamotten aus dem Bus auf die Straße.

Ich war bereit, zurück nach Deutschland zu fahren, wollte aber meine Wunde, die zigfach genäht werden musste, erst ausheilen.

Leider arbeitete sich Bockhorn in dieser Zeit langsam über unseren gemeinsamen Freund Ulf wieder vor, erkundigte sich, wie es mir gehe, und schickte Blumen.

Bis wir uns nach drei Wochen trafen und schließlich wieder zusammen im Bus saßen.

Eines Tages tauchte eine Bikergang dort auf, *The Heathen,* die uns beobachteten. Crazy Mike, der sich auf seinen Schneidezähnen die SS-Runen in Gold hatte einlegen lassen, fühlte aggressiv vor und brüllte: »That's a great fucking, Nazi-tank! Come here, you Nazi!«

Bockhorn beobachtete das eine Weile aus dem Busfenster, dann ging er zum Kleiderschrank, nahm seine Lederjacke, die mit Emblemen, Naziorden und Aufnähern übersät war, stellte sich in die Bustür und warf die Jacke nonchalant ins Gras.

»That was my dinnerjacket for the last ten years.«

Das hat die Brüder beeindruckt. Bockhorn lud sie in den Bus ein und gab ihnen die Tour, und die waren gleich ganz verliebt in ihn. Als sie wieder davonfuhren, hatten wir eine neue Horde von selbst erklärten Beschützern, denn auf der Strandpromenade in Venice ging es damals noch bunter und unkonventioneller zu, Leute aus Indien, viele Hippies und Rumtreiber, die ihre selbst gemachten Sachen verkauften, und als mich ein Schwarzer ansprach, kamen die Heathens aus allen Ecken gesprungen und erkundigten sich, ob ich Hilfe vor dem verängstigten Schwarzen brauche.

Als ich für meine Arbeit einmal die Rassel einer Klapperschlange brauchte, standen die Jungs am nächsten Tag mit einer braunen Papiertüte vor der Tür, eine erschossene Diamondback auf dem Boden. Bockhorn hängte sie fachmännisch auf und zog die Haut wie ein Präservativ ab. Dann spannte er sie auf und rieb sie mit Salz ein.

Crazy Mike haben wir auch mal daheim besucht, und er stellte sich als Besitzer einer imponierenden

Totenkopfsammlung heraus – *weird* zwar, aber durchaus auf unserer Linie. Nachdem wir ihn ein paar Tage nicht mehr gesehen hatten, erkundigten wir uns bei seinen Freunden nach ihm.

Die grinsten nur und kamen eine halbe Stunde später mit seinem Truck an. Bockhorn und ich sahen gleich die Einschusslöcher, die von einer automatischen Waffe stammen mussten.

Der Biker machte eine kleine Zündholzschachtel auf und zeigte uns Knochensplitter.

»Bisschen Hirnschale, mehr is' nich' mehr da von ihm.«

Unsere Beschützer hatten scheinbar ebenfalls gerade angefangen, Machtkämpfe untereinander auszutragen, aber hier ging es offensichtlich noch mal anders zu als auf dem Kiez. Jemand hatte Crazy Mike aus nächster Nähe das Hirn aus dem Kopf geblasen, ohne besonderen Grund – ein falsches Wort hatte scheinbar gereicht.

Wir fuhren zwei Tage später lieber weiter, weil sie Bockhorn zum *member* machen wollten. Er sollte eine Frau, die ihre Tage hatte, vor aller Augen auslecken und dann nackt ein Vollbad in Whisky nehmen.

•

Mein bisschen Geld aus Deutschland war bald durchgebracht, und Bockhorn wurde zeitweilig sehr depressiv und antriebslos. Ich verstand einfach nicht, wie man an den schönsten Orten der Welt deprimiert sein konnte, und versuchte ihn aufzuheitern – meistens aber vergebens.

Einmal habe ich auf Drängen von Bockhorn Jack Nicholson angerufen. Vielleicht, dass sich geschäftlich was machen ließe, und tatsächlich lud Jack uns in sein Haus am Mulholland Drive ein. Bockhorn war auf dem Indianertrip, hatte gerade zwölf Büffelschädel zu Ehren der großen Indianerhäuptlinge geschmückt, mit Porzellan und Chrom verfremdet und wollte sie als Kunstgegenstände verkaufen.

Wir rauchten was zusammen, aber Bockhorns Hoffnungen auf einen Deal mit Büffelköpfen erfüllte sich nicht. In Kalifornien trafen wir auch auf jemanden, der Tipis herstellte; wir orderten eines, das wir von da an neben dem Bus aufstellten und in dem wir oder unsere Gäste lebten. Bockhorn kam immer wieder mit Plänen, wie Kohle zu machen sei. Er arbeitete auf eine Ausstellung mit stammesmäßig geschmückten Büffelschädeln hin und hatte in S.F. eine Form gießen lassen, um Chromschädel daraus zu machen.

In San Diego stellten wir das Tipi vor der Skyline auf einem Wolkenkratzer aus – das erste und das letzte Haus Amerikas. Aber derartige Happenings waren von unterwegs mühselig zu organisieren, ohne Telefon und ohne Mittelpunkt.

»Ich könnt mich jetzt langsam hinsetzen, sesshaft werden, aber meine Alte, die will nich«, hörte ich Bockhorn manchmal sagen, und das stimmte. Ich hatte nicht das Gefühl, alles gesehen und erlebt zu haben, was ich vom Leben wollte.

Ein Millionär in Texas bot uns eine halbe Million für den Bus. Aber dann hätten wir wieder einein- halb Jahre auf einen neuen warten müssen. Ich wollte nicht wieder so lange auf einen Bus warten. Also ging die Reise weiter, dem endlosen Sommer hinterher.

Unter dem Vulkan

15

Als in Baja die alten Luden-
typen wie Harry plötzlich bei
uns auftauchten, wurde mir
bald schlecht, weil Bock-
horn sich wieder mit den Hirnlosen einließ. Er
war nicht nachtragend und hat Harry kurzerhand verziehen. Ich habe kaum mit dem geredet, weil ich den Anblick von Luden körperlich
nicht mehr ertragen konnte. Mit ihren Han-
teln und ihrem Gegrunze versauten sie den
ganzen Strand. Eitler als jede Frau stolzier-
ten sie durch den Sand, drehten sich eingeölt

und muskelbepackt den ganzen Tag nach der Sonne, um jeden Zentimeter gleichmäßig zu bräunen, und kämmten dabei ihre toupierten Skalps. Ich konnte gar nicht so viel essen, wie ich gern gekotzt hätte, und sagte nicht mal mehr Hallo.

Als Krönung tauchte auch Thommy Bauer auf, der Lude, der Nadine – die Vierzehnjährige – geerbt und gängig gemacht hatte. Zu meiner Schadenfreude musste ich gestehen, dass sie schon ziemlich auf den Hund gekommen war.

Sie ging längst auf den Strich, und mit Wohlgefallen bemerkte ich ihre Hängetitten und ihren Hängearsch. Bockhorn fand sie auch total doof. Sie war verhärmt und traute sich schließlich gar nicht mehr, ihr Oberteil auszuziehen.

»Mit dem Arsch würde ich mal gleich den Mund halten«, sagte Bockhorn bei passender Gelegenheit auch noch zu ihr.

Die Luden sagten meistens nur »Ooaah« und »echt«.

Von morgens bis abends hagelte es Beschwerden an Mutter Natur, dass es keine Steckdose für den Haarföhn gebe und der Sand in alle Ritzen dringe. Ich zog mich zurück und beschäftigte mich mit meinem Elfenbein, während Bockhorn sich einen Spaß daraus machte, demonstrativ Frauenarbeit zu verrichten und das Geschirr zu spülen.

»Fuck it. Sind doch eh bloß dumme Zuhälter. Was haben die denn schon drauf?«

Das rechnete ich ihm hoch an. Ihm waren die jetzt egal, und wenn sie sagten: »Der Laumann, nun ist er total weich geworden und hat sich von seiner Alten kleinkriegen lassen«, hat er nur gelacht.

Die Luden wollten dann auch auf Männerleben machen, und Bockhorn brachte ihnen das Angeln bei, und Harrys Freund schaffte es auf hoher See, seinen Angelhaken so zu werfen, dass er einem anderen am Arsch hängen blieb und der vom Boot fiel. Als er aus dem Wasser kam, war er brutal sauer, dass seine Frisur nun hinüber war, und im folgenden Gerangel kippte schließlich das Boot inklusive der Angelausrüstung um. Als sie das Boot endlich wieder klar hatten, kamen beide stinkwütend wie die Hornissen auf den Strand zugerast, bis sie merkten, dass sie nicht wussten, wie man den Motor ausstellte. Das Boot raste unterdessen mit Affengeschwindigkeit weiter, und im letzten Moment sprangen die Luden schreiend ins Wasser, während das Boot mit Karacho in die Dünen rauschte.

Als sie bei einem Hurrikan mit ihren Zelten auch noch durch die Luft flogen, hauten sie Gott sei Dank endlich wieder ab, und es wurde ruhiger. Aber ich begann mir um Bockhorn und unsere Beziehung Sorgen zu machen, vor allem weil er keinen Tag mehr nüchtern überstehen konnte. Vor einem Jahr hatte er das Tequilasaufen angefangen, und nun zog er das Zeug flaschenweise weg – irgendetwas musste er sich immer reinschütten.

Jeder, der solche Mengen trinkt, muss irgendwann idiotisch werden.

»Mann, wenn du so weitermachst, dann liebe ich dich nicht mehr. Dann finde ich das nicht mehr in mir«, sagte ich zu ihm, aber er lachte nur.

Oft hing eine schwarze Wolke über ihm, wie ein Schatten. Seine Haare standen in alle Richtungen, die Gesichtsfarbe war jetzt immer leicht gerötet, und das Strahlen in seinen blauen Augen, das ich so geliebt hatte, war fast verschwunden. Ich wusste oft nicht mehr, ob ich ihn überhaupt noch liebte und was uns zusammenhielt.

Mit geschlossenen Augen zog ich manchmal seine Gesichtszüge nach, die ich so geliebt hatte, seine Adlerflügel an den Augen, vom vielen Lachen – so ein schönes Gesicht, so edel und fein gezeichnet und ausdrucksvoll. Jetzt war er verquollen. Bis Baja hatte ich ihn unaufhaltsam mehr und mehr geliebt. Immer wenn ich ihn wieder gesehen hatte, hatte ich mich neu in ihn verliebt. Aber jetzt kam er mir immer häufiger nur noch besoffen und doof vor, wie er verzweifelt mit den Kerlen an der Bar rumhockte, grölte und blöde Sprüche führte. Es war die totale Stagnation.

So saß er rum und zockte mit dem Würfelbecher, immer *Doppelt oder Nichts,* und wir hatten eh schon keine Kohle mehr, und er verlor grausam. Es war nur der Freundlichkeit der Leute da unten zu verdanken, dass sie ihn spielen ließen, bis er endlich einmal gewann. Aber langsam kam es doch zu Stresssituationen. Bockhorn hatte keine Lust mehr am Leben und wollte auch nichts mehr machen. Er schmiedete keine Pläne und zeigte kein Interesse an eigenen Projekten. Allerdings unterstützte er mich sehr in meiner Malerei und erledigte sogar an meiner Stelle die Hausarbeit.

Zu Neujahr besuchten uns Tom und Zappa aus Hamburg, und vor seinen Freunden lebte er auf wie eigentlich immer, und der Geist des alten Bockhorn kam zum Vorschein.

Zappa war eine Hure, aber eine gute mit Herz, und wir hatten die beiden im Vorjahr in Venice kennen gelernt. Tom fing gerade auf dem Kiez als Hausmacher an.

Bockhorn nahm ihn ins Gebet, in die Ludensache gar nicht erst richtig einzusteigen, weil die nichts bringe. Tom war gerade 25 und ließ sich überreden, und wir verabredeten uns für nächstes Jahr in Baja.

Als wir sie nach La Paz zum Flughafen zurückbrach ten, wurden wir von *Federales* angehalten, die gleich auf den Bus sprangen und durch die Fenster lunzten.

Deshalb konnten wir uns hinten nicht schnell bewegen und unsere Rollen aus den Aschenbechern entfernen. Einer klopfte gleich gegen die Tür, aber Zora, unsere belgische Schäferhündin, bellte und hielt ihn ab.

Bockhorn schäkerte mit dem Oberst, nahm eine *Mercedes*nadel von der Sonnenblende und steckte sie ihm mit Siegerlächeln an.

Danach wollten sie nicht einmal mehr in den Bus reingucken.

Bei den *Federales,* das wussten wir, musste man auf der Hut sein. Sie überraschten Autofahrer mit Straßenblockaden, und »korrupt« ist ein zu mildes Wort für diese Banditen in Mexiko. Ein mexikanischer Polizist wird nicht von der Verwaltung bezahlt, sondern zahlt selbst für seinen Stellplatz. Ein Stoppzeichen mit Baum davor kostet, weil es da viel abzukassieren gibt. Und so stehen sie dann wie Geschäftsführer dort versteckt und warten auf Kundschaft.

Selbst für ihre Uniformen müssen sie selbst aufkommen, deshalb laufen viele so wie zerrupfte Hähne herum. Besonders scharf waren die *Federales* auf Waffen. Denn die durften sie behalten. Deswegen funktioniert das System der *mordita* – man kann sich aus allem rauskaufen.

Als wir zum dritten Mal nach Baja zurückkehrten, war es auch dort unangenehm geworden. Die Leute, die da jedes Jahr auftauchten, kannten sich in- und auswendig und langweilten sich miteinander. Deshalb begannen Nörgeleien, die meistens mit dem Kampf um die Stellplätze begannen, außerdem gab es den ganzen Tag nix zu tun, außer zu angeln und zu kochen. Alle soffen, und jeder kam auf Scheiße.

Paint it Black

Im dritten Sommer stand
ein Charakter namens Two-
Dog-Bob direkt auf unse-
rem Platz, und das hat uns

16

gewurmt. Aus schlechtem Gewissen führte er
sich dann extra laut und unmöglich auf, und
schließlich grüßten wir uns nicht mehr.

In *Larry's Stout Bar,* 17 Meilen vor Capo San
Lucas, einer kleinen Bretterbude, in der das
Bier in Eimern auf den Tisch gestellt wurde, trafen sich abends alle, die in der Gegend camp-
ten. Bockhorn, Mikey, ein Biker aus Seattle,

und Larry besoffen sich schon tagsüber und versuchten ansonsten die Zeit totzuschlagen, indem sie einen alten *Chevy Impala* die Sanddünen hochjagten. Während die drei damit einen Riesenspaß hatten, fing Two-Dog-Bob an, zu nerven und sich zu beschweren, dass keiner mehr an seinem Wohnmobil vorbeifahren dürfe. Irgendwie schafften Bockhorn und Mikey es dann, mit einem Riesenanlauf den Wagen auf die Düne zu wuchten, aber da hatte der *Chevy* schon keine Türen und keine Kotflügel mehr. Two-Dog-Bob reichte der Radau. Er rannte in seinen Camper, kam mit einer Knarre wieder raus und feuerte auf Bockhorn und Mikey, bis die in Deckung gingen. Die Touristen riefen die Polizei, und während wir auf das Eintreffen der *Federales* warteten, sahen wir mit dem Fernglas zu, wie Bob eilig seine Knarre in einer Plastiktüte verpackte und im Sand verbuddelte. Irgendwie merkte er aber, dass wir ihn beobachteten, denn als die *Federales* eintrafen, schenkte er ihnen die Knarre einfach und war von da an deren bester Freund. Eine Strafe bekam er selbstredend nicht.

Mikey, der Biker, bewunderte Bockhorn sehr und hatte einen *crush* auf mich. Allerdings hat er sich nie getraut, mir was zu sagen, weil er zu viel Achtung vor Bockhorn hatte, und Bockhorn überreichte ihm eines Nachts das Schwert mit dem Adlerkopf aus der Türkei. Das war so etwas wie sein Zepter gewesen, aber Bockhorn begann alles herzuschenken, und seine Depressionen wurden immer stärker. Das Einzige, was noch stimmte, war die Aussicht aufs Meer, und mittlerweile bekamen wir beide Anfälle von Existenzangst. Bockhorn war auch wirklich kein Typ fürs Knapsen.

»Wenn du wüsstest, was ich denke«, sagte er unheilschwanger.

»Ich will's gar nicht wissen.« Ich ahnte schon, dass was Düsteres kam, aber ich hatte einen Horror vor seinen Depressionen.

»Ich möcht am liebsten 'nen Satz machen. Weißt du, dass ich mir beim Angeln draußen schon überlege, wie ich am besten verschwinde? So, dass mich niemand mehr findet? Selbst du würdest nicht wissen, dass es kein Unfall war. Mann, ich würd am liebsten wieder elf sein. Dafür würde ich alles hergeben, den Bus, die Sachen, nur dich nicht. Du sollst auch elf sein.«

Ich lächelte ihn an.

»Wenn du wirklich anfängst zu denken, dann wünschst du, du hättest es nie getan. Es tut total weh.«

Bockhorn stellte laute Überlegungen an, ob er lieber heilig werden sollte. Aber das war für mich damals durch Rainer ein rotes Tuch. Ich wollte nicht, dass ausgerechnet meine Männer alle heilig wurden. Auf der anderen Seite spürte ich auch, dass es bei Bockhorn Zeit für eine grundlegende Veränderung war und er sich weiterentwickeln musste, um nicht in seinem Viereck stecken zu bleiben. Er hätte ja ein guter alter Mann werden können, aber er wollte sich nichts einfallen lassen, nur die alten Sachen: »Auf einen Satz reich werden, den großen Griff machen.« Er wollte wirklich nichts tun. Ich sollte arbeiten. Das hat mich genervt. Bockhorn hätte sein Leben von Grund auf ändern müssen, und dazu hatte er dann doch nicht den Mut. Deshalb wiederholte er verzweifelt die ganzen alten Geschichten, wie ein Kriegsveteran. Wir versuchten auch darüber zu sprechen, aber ich merkte, dass ich schon mächtig genervt war. »Bevor ich mich ändere, mach ich lieber den großen Satz und bin ganz woanders«, sagte er. Ich glaube, er merkte auch, dass meine Liebe langsam versiegte. Ich wäre ja bereit gewesen, irgendwo die Ärmel aufzukrempeln und wieder von vorn zu beginnen, aber er verweigerte sich total und sagte: »Ich mach nix. Ich arbeite nie wieder in meinem Leben.« Stattdessen wollte er mich für billige Storys an *Bild der Frau* verscherbeln. Und als die Nacht mal wieder am dunkelsten war, tauchte Keith Richards in Baja auf und goss Benzin auf meine Lampe.

Ich freute mich riesig und fuhr mit Bockhorn zum *Twin Dolphins Hotel* in Cabo, um ihm eine Botschaft zu hinterlassen. Bockhorn und ich standen kurz davor, aufs Hauptland zu fahren, und gerade als wir zusammenpackten, kam Keith Hals über Kopf durch die Dünen gerollt, schlaksig und verquer, wie nur er seine Glieder durcheinanderwerfen kann, wenn er geht. Mir blieb fast das Herz stehen. Whooosh!, als ob keine Zeit vergangen wäre, stimmte die Chemie wieder. Bockhorn merkte das und witterte Unheil, aber wir luden Keith trotzdem zur Abschiedsparty am nächsten Abend ein, und tatsächlich tauchte er mit seiner Gitarre am Strand auf und spielte für die ganze Mannschaft. In der Nacht sprach ich zum ersten Mal mit ihm über uns und unsere Beziehung, und er fragte mich, weshalb ich ihn damals in Chicago verlassen und mich nie wieder bei ihm gemeldet hätte. Ich erzählte ihm von der Notiz und erklärte, dass ich keines der Stones-Opfer wie Anita oder Marianne hatte werden wollen. Wo die Stones-Maschine durchrollte, wuchs kein Gras mehr, und dass ich das Leben ja direkt am eigenen Leib erfahren wollte und nicht durch die Stones, zu deren Existenz ich nichts beitragen konnte, außer Joints zu rollen. Die meisten Freundinnen der Stones glaubten, sie seien wer, weil sie in der Entourage mitreisten, ein bisschen Sternenstaub abkriegten und vom Hofstaat hofiert wurden. Eigentlich jedoch wurde man in der Stones-Fabrik immer weniger. Die paar Sachen, die man positiv zu verbuchen hatte, wurden einem durch den Touralltag auch noch abgeschnitten.

Für Keith hatte es jedenfalls so ausgesehen, als hätte ich nichts mehr von ihm wissen wollen. Dabei hatte ich in der Zwischenzeit mindestens einmal am Tag an ihn gedacht. Immer wenn ich meinte, ich wäre über ihn weg, lief irgendwo ein Stones-Song und erinnerte mich an ihn. Und während ich mit ihm redete, merkte ich, dass ich wieder Feuer fing, und auch er bekam Sternchen in den Augen. Wir waren beide verliebt.

Das merkte Bockhorn natürlich auch.

»Pass auf«, sagte er nur drohend.

Ich wollte Keith zurück ins Hotel bringen, und Bockhorn merkte, was sich da im Busch bewegte, und fuhr auch mit. Aber ich konnte keine Rücksicht mehr nehmen. Wenn ich was wirklich will – ich kann nicht zurück. Ich merkte, wie Bockhorn plötzlich keine Chance mehr hatte und in eine Abwärtsspirale geriet. Womit hätte er auch noch stechen sollen? Keith als Konkurrent ist der Albtraum jeden Mannes. Bockhorn versuchte es auf nett: »Mach das nicht noch mal.« Und zu Keith: »Don't take her with you. We are both kings.«

»Ich lass die Finger von ihr«, versprach Keith.

Wir gingen dann zu dritt ins Hotel in die Bar und feierten weiter. Ich wollte auch um drei Uhr nachts noch nicht zurück an den Strand.Bockhorn drohte, allein mit dem Bus aufs Festland zu fahren, aber ich blieb bei Keith und habe ihn damit förmlich überrollt. Das war mir alles wert. Da kam die Kali raus, die sich noch einen Männerschädel an die Halskette hängen wollte. Bockhorn ließ sich schließlich von einem Freund mitnehmen, der ihn an der Hauptstraße absetzte, von wo

er allerdings zehn Meilen durch die Nacht laufen musste, weil er kein Taxi mehr bekam, und Keith und ich
hatten eine wahnsinnige Nacht, und frühmorgens bin
ich zum Bus zurück, weil ich Bockhorn die Schande
ersparen wollte, vor der ganzen Mannschaft aufzutau-
chen. Er hatte natürlich kein Auge zugetan. Aber wir
mussten zum Hafen, um die Überfahrt zu regeln, und
jeder sah es Bockhorn an, obwohl niemand wusste,
was genau passiert war. Er sah so schlecht aus wie noch
nie, und ich wusste, dass ich ihm das Rückgrat gebrochen hatte. Sein Blick war gebrochen, sein Lebensmut
verschwunden. Es wurde sehr, sehr *heavy,* und die Reise war total freudlos. Es dauerte Wochen, bis wir wieder miteinander konnten, und ich denke, dieses eine
Mal hätte ich mir versagen sollen, weil es keinem was
brachte. Nur meinem Bockhorn hat es das Rückgrat
gebrochen, aber ich hatte nicht anders gekonnt. Er
hat sich nie wieder davon erholt. Damals fing er an,
mich zu hassen, und er heulte fast und wollte mich
zusammenschlagen. »Wenn du mir was tust, renn ich
sofort zum Staudinger hoch«, sagte ich zu ihm. Staudinger hatten wir zufällig in Mexiko getroffen, und er
wohnte im selben Hotel wie wir. Vor Staudinger hatte selbst Bockhorn Respekt. »Wenn mir was passiert,
wende dich an den Staudinger«, hatte er immer gesagt.
So konnte Bockhorn nirgendwo mehr hin mit seinem
Hass und seiner Enttäuschung.

Tod in Baja

17

Im nächsten Winter tauchte Keith wieder in Baja auf, und rein zufällig hörte ich, dass er vorhatte zu heiraten – genau hier vor meiner Nase in Cabo San Lucas, am Ende der Welt. Da kam die Eifersucht wieder hoch und Zweifel an meiner Entscheidung für Bockhorn. Es war eine fürchterliche Zeit – Keith heiratete, und mein Mann war am Ende, dachte ich.

Bockhorn hatte sich einen Kampfhahn zugelegt und verschwand immer mehr im mexikanischen Machismo. Den Hahn taufte er Emiliano, nach einem mexikanischen Revolutionär, und es machte ihm Freude, dem Tierchen die Stahlkrallen anzulegen und ihn zu kraulen. Der Satan schrie jeden Morgen um sechs den ganzen Strand zusammen – aber Bockhorn lebte auf, und er sah auch wieder ein bisschen hübscher aus. Eine Woche vor Neujahr kam Halko Weiss, um uns zu besuchen und nach einem Grundstück für sich in Baja zu suchen.

Er war kaum aus dem Auto gestiegen, da nahm Bockhorn ihn schon am Ärmel und stürzte sich in tiefe Gespräche mit ihm.

Dann kamen Tom und seine Gurke, mit ihren zwei Kindern, die Bockhorn kannte und die aus Deutschland ausgewandert waren. Tom hatte sich tatsächlich entschlossen, die Kiezkarriere zu stecken, und wollte bei Bockhorn in die Lehre gehen, um zu lernen, wie man *on the road* überlebte, und Bockhorn machte es Spaß, den Jungen einzuweihen und seine alten Geschichten noch einmal an den Mann zu bringen.

Neujahr wollten Halko und Bockhorn wie jedes Jahr einen Hammel kaufen gehen, und am Abend davor hatte Bockhorn sich wieder maßlos besoffen und mit seinem Kampfhahn herumgetobt. Das war das Einzige, was ihm noch Spaß machte. Ich hatte diese künstliche gute Laune, die immer gleichen Kiezsprüche – die er aus purer Verzweiflung wiederholte, nur weil nichts Neues mehr dazukam – wirklich satt und war früh und allein zu Bett gegangen.

Am Neujahrsmorgen stritten wir uns, weil er gleich in der Früh anfing weiterzutrinken, und ich weiß noch genau, wie wir beide im Bett lagen und uns anschauten und gleichzeitig wegschauen mussten – in diesem Moment war keine Liebe mehr in unseren Augen, nur noch Enttäuschung. Ich spürte, wie es von hinten gegen meine Augen drückte. Ohne Abschied sind die beiden mit Toms Auto los, und ich bin mit Toms Freundin runter zum Strand. Gegen Nachmittag fing ich an, mich zu wundern, dass sie nicht zurückkamen. Ich ging zum Bus, um mich für Neujahr herzurichten, da kam Thomas vorbeigeschlendert.

»Weißt du, wo der Bockhorn ist?«

»Nöo.«

Ich merkte, dass etwas nicht stimmte und dass Bockhorns Motorrad weg war. Eine neue Suzuki, die er gegen das *dirtbike* eingetauscht hatte.

Plötzlich fing mein Herz wie rasend an zu pochen.

Als ich mit dem Herrichten halb fertig war, bekam ich einen wahnsinnigen Unruheanfall und rannte einfach los, den Berg hinab, musste aber wieder zurück, weil mein Hund mir nachlief wie ein Schatten.

Als ich ihn angekettet hatte, kam Halko mit dem Auto an. Er stieg aus, nahm mich in die Arme und sagte nur: »Bockhorn ist tot.«

Ich habe ihm nicht geglaubt. Bockhorn ist tot.

Bockhorn ist tot – ich habe das Wort »tot« noch nie so verstanden. Es kam wie aus der Sphäre. Ich habe vorher nicht gewusst, was »tot« ist.

Dann rastete ich aus und fing an zu heulen. Durch die Hyperventilation rollten sich meine Hände und Füße zusammen wie Krallen. Ich dachte, ich sterbe auch, ich konnte sie nicht mehr gerade biegen. Der Himmel, der den ganzen Tag blau gewesen war, hatte sich jetzt völlig zugezogen.

Thomas hatte auf dem Weg zum Standplatz einen Unfall und Bockhorns *bike* gesehen – sich aber nicht getraut, mir was zu sagen. Bockhorn hatte sich mit dem neuen *bike,* dessen Fahrgewohnheiten er nicht kannte, zu schnell in die Kurve gelegt, war abgehoben und frontal auf einen entgegenkommenden Dodge Truck geflogen. Er musste sofort tot gewesen sein, denn sein Kiefer war zertrümmert und seine Aorta geplatzt.

Seltsamerweise war mir schlagartig klar, dass es genau das war, was Bockhorn gewollt hatte. Nicht, was ich wollte. Ich lag im Bus und heulte laut wie eine Wölfin. Tränen kamen mir sonst nur aus Wut. Danach hab ich nicht mehr geweint.

In der ersten Nacht nahmen Halko und seine Frau Dagmar mich im Tipi zwischen sich, und ich war heilfroh, dass ich von meinen Freunden umgeben war.

Halko und Tom haben mich vor den Leuten beschützt, die ich nicht sehen wollte, und Halko musste mit Toms Freundin gleich einen Streit anfangen, weil sie vor dem Bus rumschrie, dass sie mir helfen könne.

Bei Halko fühlte ich mich aufgehoben wie in Mutters Schoß. Für mich war gesorgt, und selbst das Meer schien mich zu trösten, ich verstand das Kommen und Gehen von Wellen. Nichts währte ewig, das war die einzige Sicherheit. Bockhorn hatte alles so eingefädelt, da war ich mir sicher. Von Bockhorns Tod an war sieben Tage schlechtes Wetter, und es tat mir gut, dass die Natur mitweinte.

Am Sonntag, dem 1., war in Mexiko alles geschlossen, aber wir mussten die Formalitäten erledigen. Die Papiere, die Polizei, der Doktor. Bockhorn lag zur Autopsie im Krankenhaus. Für alle von uns war die Nachricht von seinem Tod ein totaler Schock, und ich war am ganzen Körper taub vor Schmerz. Tom und Halko kümmerten sich um die Formalitäten. Ich wusste überhaupt nicht mehr, wie es weitergehen sollte, und erinnerte mich nur daran, dass Bockhorn immer wollte, dass ich ihn verbrennen und die Asche ins Meer werfen sollte. Auf keinen Fall wollte er nach Deutschland zurück. Es stellte sich heraus, dass es in Baja kein Krematorium gab, sondern nur auf dem mexikanischen Festland. Einige schlugen vor, Bockhorn einfach rauszufahren und auf einem Boot zu verbrennen.

»Du kannst doch nicht einfach 'ne Leiche verbrennen, das muss irgendwie offiziell sein«, wurde beschlossen, und am Montag musste ich mit Bockhorns Leiche zurück nach Los Angeles.

Ein internationales Gesetz besagt, dass man nicht nur einen Sarg zum Transport haben muss, sondern noch eine Kiste darum herum. Normalerweise werden die Leichen in Mexiko mumifiziert, weil dort alles ewig dauert. Manche haben bis zu fünf Wochen gebraucht, um die Leichen ihrer Angehörigen aus dem Land zu kriegen. Aber in San Jose de Cabo mochte man uns. Der Schreiner verschob seine *Siesta* und arbeitete am Sarg und an der Kiste, und ich wollte, dass Bockhorn aus dem Leichenschauhaus zu mir kam, damit ich Abschied nehmen konnte.

In jedem anderen Land wäre einem die Leiche sofort aus der Hand genommen worden, aber in Mexiko ist der Umgang mit den Toten noch selbstverständlicher, und so kamen am Sonntag Halko und Tom mit dem Auto, und hintendrauf lag der hellblaue Sarg, auf Mexikanisch zurechtgemacht mit bunten Rüschen.

»Ich will den Bockhorn einwickeln und einrichten. Wie sich's gehört«, sagte ich, und wir machten den Sarg auf.

Ich holte seine Sachen aus dem Bus und die indischen Brokatsaris von mir. Tom und Halko warnten mich, sein Gesicht nicht anzuschauen, weil ich ihn nicht wiedererkennen würde, und sie wickelten sein Gesicht ein, bevor ich seinen Hochzeitsturban nahm und den Kopf zärtlich für seine letzte Reise darin einwickelte. All seine Lieblingssachen habe ich mit in den Sarg gegeben, sein Lasso, seine Voodoostäbe aus Afrika, seine Lederjacke. Sein Lieblingsfoto von mir habe ich ihm aufs Herz gelegt, Adlerfedern und Krallen und Spielkarten. Das half mir in meinem Schmerz. Ich hatte das Gefühl, doch noch was machen zu können. Das war gesund.

Bockhorn und ich hatten eine gemeinsame Kette, auf die wir alle möglichen Dinge von unseren Reisen aufreihten, wie auf eine Voodookette. Zufällig stieß ich beim Kramen auf die Silberkugel, die ihm Petra die Hexe in Kaschmir gegeben hatte, und schraubte sie auf. Darin lagen drei rote Pussyhaare. Das war ein Hammer. Er war gerade tot, und der Sauhundling hatte mich noch zuletzt betrogen und belogen. Die Nacht vor dem Abflug verbrachte ich mit Bockhorns Leiche allein im Tipi. Ich legte mich noch einmal auf ihn und nahm Abschied. Ich berührte seine Hände, seine Schultern und seinen Schwanz und hatte plötzlich einen *Flashback* nach Indien, nach Benares, wo uns eines Tages eine Rikscha entgegengekommen war, in der ganz in Weiß, bandagiert wie eine Mumie, ein Toter gesessen hatte, dessen Hände bei jedem Huckel auf und ab gefloppt waren. Allein an den seltsamen

Bewegungen der Hände hatte ich erkannt, dass er tot war. Mir fiel ein, dass ich als Kind ein trauriges Märchenbuch mit düsteren Geschichten nur über den Tod geliebt hatte. Besonders eine, in der die Mutter eines kleinen Mädchens starb und in die Unterwelt musste. Nur wenn das Mädchen die Hände seiner Mutter erkennen würde, konnte es die Mutter retten. Deshalb musste das Kind an einer ganzen Reihe von Toten vorbeigehen, von denen man nur die Hände sah, und an Bockhorns blassen, wächsernen Händen, die durch den Sturz abgeschürft waren, erkannte ich, dass er wirklich tot war. Die Finger bewegten sich wie immer – aber seine Seele war fort.

Am meisten Angst hatte ich davor gehabt, dass Bockhorn stirbt, weil er immer *on the edge* gelebt hatte. Und wenn einem das Allerschlimmste passiert, das wusste ich jetzt, dann geht es auch weiter – aber ich wusste auch, dass es von nun an ganz hart für mich kommen würde. Ich sagte Bockhorn in unserer letzten Nacht noch einmal, wie sehr ich ihn liebte, dass mir alles leid tat, dass ich ihm ruhig mal was zum Essen hätte machen können, was anderes als Kaffee. Ich erklärte ihm, dass ich selbst so eine Abneigung gegen Essen hätte und fast verhungerte, weil ich es einfach vergaß. Und dass ich ihm öfter hätte sagen sollen, wie ich ihn liebe. Ich sprach stundenlang mit ihm und schüttete ihm mein ganzes Herz aus.

Danach schlief ich dank Valium gut, und in der Nacht spürte ich Bockhorn bei mir. Es ist alles gut, sagte er, es ist alles okay.

Langsam schlich sich in mein Bewusstsein die bleierne Gewissheit, dass etwas Schreckliches geschehen war, und in dem Moment, wo ich morgens vollständig erwacht war, war alles, was ich denken konnte, nur noch: »Bockhorn ist tot.«

Am schlimmsten war das Aufwachen. Wie eine quälende Schlaufe wiederholte sich diese Einsicht jede Sekunde, jede Minute. Trotzdem musste alles zack, zack gehen, denn der Sarg musste nach L. A. Halko und Tom hatten es tatsächlich geschafft, alle Formalitäten an einem mexikanischen Wochenende zu erledigen, und die ganze Stadt hatte uns dabei geholfen.

Am Montagabend saß ich mit dem Sarg im Flugzeug. Greg, ein Freund, war schon vorausgeflogen, um ein Krematorium zu bestellen. Den Sarg habe ich ihm überlassen.

Wir in Baja hätten uns schön gewundert, Bockhorn auf dem Wasser verbrennen zu wollen. Selbst in den Krematoriumsöfen dauerte es ungefähr acht Stunden, bis eine Leiche vollständig verbrannt war.

Als in Deutschland bekannt wurde, was passiert war, brach die Hölle los. Alle Zeitungen schickten ihre Reporter, aber ich lehnte jedes Interview ab und flog am folgenden Donnerstag mit der Asche und Frances

Schönberger wieder zurück nach Baja. Die sollte etwas für den *Stern* machen, war aber auch eine Freundin von mir.

Ich hatte Bockhorns Asche in einer kleinen Plastikschachtel dabei, und ich wusste, dass ich ihn da nicht drinlassen konnte – er hätte mich aus dem Jenseits erwürgt. Ich füllte seine Asche dann in den Hochzeitsturban und schaute sie mir genau an, das war kein Staub oder graue Überreste, sondern kleine bunte Plättchen in allen Farben, schimmernd hellblau bis rosa, türkis – Mineralien. Bevor ich sie für die Seebestattung fertig machte, beschloss ich, einen Teil der Asche zu behalten, und füllte sie in eine Steindose.

Die war von da an mein Talisman, den ich immer mitnahm, wenn es um wichtige Entscheidungen in meinem Leben ging. Später ließ ich die Asche an ganz schönen Plätzen in einem wilden Fluss oder auf Hawaii im Meer. Damit ließ ich ihn und auch meinen Schmerz langsam los.

Ich war erstaunt, wie wenig man in unserer Gesellschaft auf den Tod eines anderen vorbereitet wird. Ich wusste gar nicht, was zu tun war oder wie ich mich verhalten sollte. Die Grabbeigaben bekamen wir vom Krematorium zurück und nahmen sie mit zurück nach Baja. Dort herrschte immer noch untypisch bleiernes Wetter. Ich machte mich gleich daran, alles von Bockhorn aus dem Bus zu entfernen. Das lag

einfach an. Das meiste habe ich an seine Freunde verschenkt. Aus Palmenblättern flochten wir eine Matte,
und dann fuhren Halko, Mikey, Frances, Greg und ich
mit seinen ganzen Sachen und seiner Asche hinaus
aufs Meer.

Als wir über die Drei-Meilen-Zone hinaus waren,
spielte ich Bockhorns Lieblingsmusik, das Lied über
Emiliano Zappata von Antonio Aguilar, nach dem er
auch seinen Hahn benannt hatte. Zu dem Zeitpunkt
konnte ich schon gar nicht mehr weinen, dafür hat
Mikey angefangen, wie ich noch nie einen Kerl habe
heulen sehen. Mit vollen Händen streute ich die Asche
auf die Matte und forderte die Anwesenden auf, das
Gleiche zu tun. Obwohl die See dalag wie Blei und
kein Wellengang war, blies Frances eine Windböe mit
Asche zurück ins Gesicht.

Tom sagte: »Mach's gut, Alter. Check da drüben
schon mal aus für uns.«

Aber die Matte wollte einfach nicht untergehen, bis
ich noch eine Adlerstatue aus Bronze drauflegte und
alles versank.

Das war genau eine Woche nach seinem Tod, und als
wir von der Beerdigung wieder anlandeten, brach die
Sonne durch, und das Wetter wurde wieder schön.

Aftermath

18

Kaum war mein Beschützer fort, kamen die *Federales*. Einer von ihnen hatte es besonders auf mich abgesehen und wollte mich um Geld erpressen, weil mein Visum abgelaufen war. Ich hatte mit Bockhorns Tod eh schon so ein Ding auf der Uhr und wunderte mich, was nach seinem Tod noch für Hämmer kamen. Bockhorns Verwandte beschwerten sich, dass er in Mexiko und nicht in deutscher Erde beerdigt worden war. Dann ließ der Boxer aus Hamburg vermelden, er werde jetzt mit seinem Ludentrupp anrücken und mir den Bus abnehmen. Ich solle mich schon mal vorbereiten. Es gab wirklich keine Grenze mehr nach unten.

Meine Familie wurde sauer, weil ich nicht nach Deutschland zurückkehrte, und ich wusste nicht mehr, ob ich lachen oder weinen sollte.

Meine Lieblingscousine wollte sofort nach Mexiko kommen und fragte in der Familie herum, ob ihr nicht jemand etwas zu der Reise dazugeben könnte, weil sie allein nicht genug zusammenbrachte.

Mein Vater versprach ihr Geld. Als sie es abholen wollte, hatte er in der Zwischenzeit mit seiner neuen Frau gesprochen und sagte dann: »Ich bezahl dir doch keinen Urlaub. Wenn die Uschi was will, soll sie hier-herkommen.«

Ich bin stolz, dass ich nicht zurückgegangen bin nach Deutschland wie ein Hund mit eingeklemmtem Schwanz.

Da hätten sie mich doch zu guter Letzt in ihrer deutschen Mühle gehabt.

Ein Reporterteam von der *Bunten* fing richtig zu nerven an und ließ sich partout nicht abwimmeln. Tom musste schließlich den Kieztypen raushängen und zog mit dem Absatz einen Strich in den Sand vor dem Bus:

»Das is'n freies Land. Mexiko gehört mir auch nicht. Aber wenn du über die Linie trittst, nagel ich dich in

Grund und Boden ...« Das hat dann auch die *Bunte* verstanden.

Trotzdem sind sie daraufhin bei den Leuten am Strand rumgegangen und haben versucht, hintenherum etwas rauszubekommen, während Ute nichts Besseres zu tun hatte, als Sachen zu sagen wie: »Ja, der Bockhorn wäre vielleicht noch am Leben, wenn du ihm ein Kind geschenkt hättest.«

Ich hatte eh solche Schuldgefühle, ob berechtigte oder nicht, und zerfleischte mich innerlich, und dann diese dumme Frau, die alles mit ihren Kindern entschuldigt hat, sogar dass sie betteln gegangen ist.

»Du musst mir Geld geben! Ich habe zwei Kinder!« Sie kommt mir bis heute damit, dass sie dabei war, als Bockhorn starb, und dass wir deshalb eine unauflösliche Verbindung hätten.

•

Ungefähr zehn Tage nach Bockhorns Tod schlug mitten in der Nacht der Hund an, und ich sah durch die Fenster, wie Keith durch die Dünen gewankt kam. Ich hielt mir ein Handtuch vor und ging ihm entgegen.

»We always meet at the wrong end of the stick«, sagte er. Er hatte von meinem Unglück gehört und fragte mich, ob er mir irgendwie helfen könne.

»Gibt nix«, sagte ich und ging einen Schritt auf ihn zu, um mich an ihn anzulehnen. Er wich drei Schritte zurück und sagte atemlos, fast entsetzt: »Ich bin verheiratet und habe Familie.« Dann rannte er wieder in die Nacht zurück.

Innerhalb einer Woche hatte ich meine beiden wichtigsten Männer verloren. Zum ersten Mal in meinem Leben war ich allein.

Ich blieb den Sommer über in Baja, bis fast alle gegangen waren. Ausgerechnet Ute mit ihren Kindern blieb mir bis zum Ende erhalten.

Den Bus stellte ich dann bei einem befreundeten Mexikaner ab und bin zu Ines nach Los Angeles, weil es im Spätsommer in Baja tierisch heiß wurde und die Stürme einsetzten.

Als ich im darauffolgenden Frühjahr zurückkehrte, kam mir die Szene dort so abgefuckt vor, dass ich den Bus nördlich von San Jose hinstellte und dort allein lebte wie eine Räuberbraut, ohne Auto, aber mit Piratenhut.

Aber es war natürlich nicht mehr das Gleiche wie mit Bockhorn.

John, ein wilder Amerikaner mit Frau und Kindern, Tom, der sich noch ab und an um mich kümmerte, und ich waren eines Nachts bei einer reichen Mexikanerin zu einer Vollmondparty eingeladen.

John holte mich ab, und Tom kam in seinem *dunebuggy*, den er immer mit einer mexikanischen Ringermaske fuhr, weil der keine Kotflügel hatte und der Dreck in sein Gesicht flog.

Dora hatte ihre *palapas*, kleine Hütten, auf ihrem Grundstück an eine Gruppe Amerikaner aus Huntington Beach vermietet.

Als wir ankamen, stießen Tom und John mit einem von ihnen, der stark besoffen war, zusammen, und sofort war ungute Stimmung.

John zeigte sein Messer, und Tom schleuderte seine Tschakkos, die er immer dabeihatte. Danach war Ruhe, und eine Weile später vertrugen sie sich und soffen weiter, bis wir uns schließlich entschlossen aufzubrechen.

Tom zog seine Maske über und fuhr vor. Ich mit John hinterher.

Zwischen Doras Anwesen und dem Highway lag etwa eine Meile Einfahrt, und beim Rausfahren sah ich einen Haufen Kerle, die vorsprangen, Tom am Kragen und an den Armen aus dem offenen Wagen zerrten und auf ihn einprügelten.

Was folgte, war eine der brutalsten Prügeleien, die ich je gesehen habe.

Erst stand Tom noch im kalten Mondlicht mit der Wrestlermaske und seinen Tschakkos, dann wurde er von sieben oder acht Amerikanern regelrecht zerstampft. Ich hörte nur Schnaufen und Keuchen, bis John aus dem Wagen sprang und in die Szenerie lief und sich dazwischenstürzte – eine Minute später lag ein Körper bewegungslos am Boden, und alle traten einen Schritt zurück und blieben wie gelähmt stehen.

Ich merkte auf einen Schlag, dass etwas ganz Schreckliches passiert war.

»He stabbed him«, schrie jemand.

Dann brach die Hölle los, und ich lief in Richtung Straße, von wo aus ich versuchen wollte, an den nächsten Strand zu gelangen, wo ich Freunde hatte, als neben mir ein Wagen mit quietschenden Bremsen hielt und John rief: »Spring rein! Ich hab den eingemacht!«

Ich bin weitergelaufen.

Am anderen Strand angekommen, traf ich auf Mikey, der schon gehört hatte, dass jemand erstochen worden war, und ich ließ mich von ihm zu meinem Bus fahren, um der Polizei zu entkommen. Tom entkam ebenfalls.

Die Amerikaner waren mit ihrem Landsmann beschäftigt, der kurz darauf verblutete, weil sie alle zu besoffen waren, ihn ins Hospital zu bringen, und ihn stattdessen durchs Unterholz in die Kabinen zurückschleppten.

Am nächsten Morgen standen als Erstes die *Federales* vor meiner Tür und fragten nach Tom.

Die Amerikaner hatten mittlerweile ausgesagt, dass wir sie maskiert in ihren Häusern schlafend überfallen hätten, und John und Tom wurden kurz darauf erwischt und wanderten in den Knast.

Nachdem die *Federales* nun wussten, dass ich ganz allein war, kamen sie am Abend mit zwei Bierkästen zu meinem Bus und wollten mit mir feiern. Mikey rettete mich im letzten Moment und fuhr den Bus an einen anderen Platz.

Langsam merkte ich, dass ich mir etwas einfallen lassen musste und dass mit Bockhorns Tod wirklich neue Zeiten angebrochen waren. Obwohl mir mein einsames Dasein auf der einen Seite gut gefiel, heulte ich auf der anderen nachts wie eine Wölfin in meinem Bus vor Schmerz über Bockhorns Tod und fühlte mich total einsam. Gottverlassen, wie ich es seit meiner Kindheit nicht mehr getan hatte. Wut und ein Gefühl der Ungerechtigkeit kamen dazu. »Du feiger Hund«, schrie ich. »Weshalb hast du mich allein gelassen?«

Ich merkte aber, dass ich, so auf mich allein gestellt, stärker wurde, und finanziell schien es immer irgendwie weiterzugehen. Der *Stern* kam und zahlte für eine Serie über mein Leben, die dann geradezu grotesk verstümmelt erschien. Aber das interessierte mich alles nicht, ich wollte nur irgendwie durch den Tag kommen und mit meiner Trauer fertig werden.

Die Aasgeier hüpfen immer vorsichtig herbei, wenn sie den Tod wittern. Das kannte ich aus Indien. Die

Federales hatten meinen Standort bald wieder ausfindig gemacht und fingen an, mich wegen der abgelaufenen Aufenthaltsgenehmigung zu belästigen. Für sie war ich ohne Mann ein gefundenes Fressen.

Schließlich habe ich mich aufgedonnert und bin mit dem Hühnerbus nach Las Paz.

Dort erkundigte ich mich gleich nach dem höchsten Vorgesetzten und stellte mich als tragisches Vollweib vor. Er gab mir anstandslos alle erforderlichen Papiere, und ich war stolz, dass ich von Bockhorn gelernt hatte, wie man mit den Brüdern dealt.

Nach etwa einem Jahr ließ der Schmerz ein wenig nach, und ich fing an, mich körperlich wieder nach einem Partner zu sehnen.

Mir war nach einem richtigen Kerl. Idiotischerweise am liebsten nach einem Truckdriver, deren Maschinen mich antörnten. Beim Fahren habe ich mich schon umgeguckt. Mikey war früher Truckdriver, und ich wusste, dass er auf mich stand. Beim Karneval in Mexiko habe ich ihm gesagt: »Du bist heute Nacht mein *date*.«

Er wurde ganz aufgeregt, was mich aufregte, und außerdem konnte ich zu der Zeit nur mit jemandem zusammen sein, der Bockhorn gekannt hatte, und Mikey hatte Bockhorn wirklich gemocht. Stundenlang erzählten wir Geschichten und weinten sogar zusammen, obwohl er eigentlich ein *redneck* aus einer Kleinstadt bei Seattle war.

Ich wusste, dass unsere Beziehung nichts wirklich Gravierendes hatte. Mikey bediente schwere Baustellenfahrzeuge, und wenn er nicht mit seiner Harley fuhr, saß er Bier trinkend in einer kleinen Hütte unter kitschigen Bergbildern vor dem Fernseher und sah Football und die übelsten Soaps.

Ich habe ihn versteckt gehalten und niemals irgendwo mit hingenommen, weil er auch doof wurde, wenn er trank, und er trank ganz gern.

Für den Winter kam Mikey von Seattle angeflogen, dann fuhren wir mit meinem Bus nach Baja. Wenn er fachmännisch Hand an den Bus legte, stieg er in meiner Achtung wieder. Ich wusste aber auch, dass hier der Abstieg begann, und ich habe ihm von Anfang an gesagt, dass ich ihm nicht alles geben könnte. Weil er ein Schatz war, wollte ich ihn nicht festhalten.

Ungefähr in gleichem Maß, wie die Lähmung über den Verlust von Bockhorn nachließ, nahmen meine Existenzängste zu. Wenn ich morgens aufwachte, kam die Realität über mich, dass mir eine Hälfte fehlte. Bisher hatte ich nicht einmal einen Führerschein gemacht, und als Mikey mir schließlich in den Sanddünen von Mexiko das Autofahren beibrachte, fuhr ich zielstrebig in den einzigen Wohnwagen am Horizont und verursachte auch noch Sachschaden.

Meine Arbeit mit der Elfenbeinschnitzerei und als Malerin reichte nicht aus, um mich zu ernähren, und so zog ich schließlich nach Beverly Hills in das Haus meiner Freundin Ines, einer Inneneinrichterin, die ich mit Bockhorn in Baja kennengelernt hatte, um mich wieder in der Welt umzuschauen.

Ein Bekannter von ihr hatte ein Foto von mir gesehen, wie ich Bockhorn in Baja ein kleines Monument errichtet hatte, ein intensives, trauriges Bild, in das sich der Typ sofort verliebte. Er fand, dass er aussah wie ein zweiter Bockhorn.

Er hatte ein Tonstudio und belieferte die Musikszene mit Koks. Sein Highlife, die teuren Restaurants, das Kristallcoke und seine Bekannten, Bonnie Raitt und Billy Burnette, lenkten mich von meiner Trauer ab. Ich liebte ihn nicht, und obwohl ich ihm das auch sagte, verwöhnte er mich nach Strich und Faden, gab himmlische Überraschungspartys für mich und versüßte mir meine Witwenzeit. Eines Tages schenkte er mir ein Diamantarmband, das ich ablehnte.

»No strings attached – just my heart«, sagte er, und schließlich nahm ich's an, ohne etwas mit ihm zu haben.

Aber zu meiner finanziellen Notlage kam auch noch die Midlife-Crisis, in der ich anfing, mein Nomadenleben zu verfluchen und die Reihenhausbesitzer und ihre Familien zu beneiden.

»Nur weil du mal gut aussahst, hast du überhaupt irgendetwas gehabt. In Wirklichkeit kannst du nichts, bist nix.« Ich dachte, mir sei alles in den Schoß geworfen worden, und fühlte mich als totaler Versager.

Im Herbst fuhr ich jedes Jahr wieder nach Baja. Ich konnte es kaum erwarten, wieder bei meinem Bus zu sein, aber das wilde Leben dort linderte die Krise kaum noch. Und so saß ich, die ich damals jeden um den Finger hätte wickeln können, in Baja mit Mikey dem Biker, rauchte zu viel Gras und trank zu viele Bloody Marys, bis ich in die Breite ging und mich selbst nicht mehr ertragen konnte. Jeden Morgen, wenn ich zu meinem Horror aufwachte, zählte ich mir buchstäblich die mir verbliebenen Vorteile auf: »Du hast Talent, du hast Freunde, die dich unterstützen ...«, so lange, bis das Leben wieder anders aussah.

Ich fing wieder an zu malen und machte Porträts in *Scrimshaw* und auf Leinwand von meinen Freunden, die mir die Bilder abkauften. Allerdings hatte ich meine reichen Freunde schnell durch und kam dann auf die Idee, mit Silber zu arbeiten und das Silberschmieden zu lernen. In der Nähe von Seattle gab es eine Silberschule, und für drei Wochen zog ich zu Mikey in seine Hütte, bis ich merkte, dass unsere Beziehung wirklich nur lief, wenn wir Bus fuhren, und die Silberschule mich überhaupt nicht weiterbrachte.

Am Rande der Verzweiflung luden mich meine Freunde David und Lizzy auf ihre Ranch in Yosemite ein. Dort in der Nähe wohnte auch Carol, eine Bikerbraut, die ihre Harley Davidson eigenhändig auseinandernehmen und wieder zusammenlegen konnte und bei der Bockhorn für seine Büffelschädel die Chromformen bestellt hatte. Ich fragte sie schließlich, ob sie mir die Arbeit mit Silber beibringen würde.

Sie willigte ein, und nach zwei Monaten Ausbildung und meinem ersten selbstständigen Ring dachte ich, ich hätte die Sache im Griff. Wenn ich gewusst hätte, was für eine jahrelange Arbeit jetzt auf mich zukam, weiß ich nicht, ob ich es gemacht hätte.

Aber so lebte ich weiter bei David und Lizzy im nordkalifornischen Märchenwald, zwischen tausend Jahre alten Bäumen, Quellen und Berglöwen und schmolz, feilte und sägte an meinen Stücken, bis sich ein eigener Stil abzeichnete und ich beschloss, meine Linie *Warrior Jewels* zu nennen.

Am Tag vor meiner Abfahrt nach Los Angeles zog ich mit Lizzy noch einmal los in den Wald und blieb plötzlich wie angenagelt stehen: Irgendetwas rief mich, holte mich zu sich. Ich wusste gar nicht, was passierte. Mein Hund und Lizzy waren vorgegangen, ich blieb stehen und sah mit einem Mal eine riesige Eule, die mir direkt in die Augen starrte. Ich konnte den Blick nicht mehr abwenden und rief nur noch leise: »Lizzy, Lizzy …« Lizzy blieb in einiger Entfernung stehen. Die Eule ließ sich auch von dem großen Hund nicht beeindrucken, sondern warf den beiden nur einen kurzen Blick zu und starrte mir dann wieder in die Augen.

Bockhorn!, dachte ich.

»Geh los und mach dein Ding. Es klappt«, sagte die Eule.

»Was soll ich denn machen?«

Die Eule drehte bloß den Kopf und wandte sich ab.

Sie saß die ganze Zeit weiter mit dem Rücken zu mir, die Audienz war beendet. Ich stand immer noch wie vom Blitz getroffen, bis sie ihren Kopf auf die Seite legte und aus dem Wald deutete – und ich ging.

In Los Angeles adoptierten mich Wally und Joyce, ein älteres Paar mit abenteuerlicher Vergangenheit und zwei riesigen Herzen, die ich in Baja kennengelernt hatte, und stellten mir einen Raum als Werkstatt bereit. Durch meine Freunde lernte ich kennen, was es heißen kann, eine Familie zu haben.

Ein Nachbar von ihnen half mit einem Schweißgerät und einer Werkbank aus, und die Gegenstände auf meiner Liste von Notwendigkeiten, die noch fehlten, um die Arbeit aufnehmen zu können, trafen wie durch ein Wunder mit der Post ein, bevor ich überhaupt Zeit hatte, sie einzukaufen. Carol hatte mir in einem telepathischen Anfall ein Paket geschickt, das alles enthielt, was ich für meine Werkstatt brauchte.

Innerhalb von zwei oder drei Tagen hatte ich so eine vollständige Silberschmiede beisammen und wusste, dass ich die richtige Entscheidung getroffen hatte, einfach weil alles in so kurzer Zeit an seinen Platz gefallen war.

Anfänglich machte ich die Schmuckstücke nur für mich, und bis heute würde ich alle Stücke selbst tragen. Mir ist wichtig, dass mein Schmuck ein Ausdruck meiner Persönlichkeit, meines Geschmacks und meiner Geisteshaltung ist.

Die Arbeit am Material, das Verbinden zweier Materialien zu einem homogenen Stück, darin lag etwas unwahrscheinlich Befriedigendes für mich. Ich war auf niemanden angewiesen, konnte leben, wo ich wollte, und mir meine Zeit einteilen.

Als ich den Schmuck nach ein paar Monaten für gut genug befand, fuhr ich in Los Angeles herum und schaute mir die Läden an, in denen ich gern verkaufen würde. Exklusive Kundschaft, hohe Preise und ein gutes Angebot waren mir wichtig, und bei *Maxfields*, wo Nicholson und Madonna einkauften, überließ man mir sofort eine Vitrine, und die Geschäfte kamen in Schwung.

Ich war dankbar und stolz auf diesen Beruf. Früher habe ich alles geschenkt bekommen, jetzt war ich für alles selbst verantwortlich. Durch das Handwerk sah ich einen Wert in mir selber, den ich durch nichts anderes hatte annehmen können. Dadurch erlangte ich totales Selbstvertrauen, und es geschah nicht durch mein Äußeres.

●

Natürlich beneide ich die Models von heute um ihren Stellenwert – darum, dass sie sich nach drei Jahren Arbeit zur Ruhe setzen können. Damals galt ich nur als doofes Mannequin – aber eigentlich zählt Schönheit für mich nicht.

Meinen Erfolg hatte ich wie jedes Model der Natur zu verdanken und dem Glück, zur rechten Zeit das rechte Gesicht am rechten Ort zu sein. Natürlich tut es der Eitelkeit gut, sich selbst am Magazinstand zu sehen.

Das ist ein unglaublich schönes Gefühl, aber ändern tut es auch nichts. Deswegen war ICH noch lange nichts.

Mir macht es nichts mehr, wenn ich kein *Highlife* habe oder durch magere Zeiten gehe. Ich weiß, alles kann mir genommen werden, Männer, Liebe, Geld, aber nicht mein Talent und mein Handwerk.

Im Leben nicht zu wissen, was ich wollte, war die größte Qual, und die Arbeit am Schmuck ist der *thrill* meines Lebens, und manchmal fühle ich mich wieder wie achtzehn. Nach Bockhorns Tod bin ich lieber geworden – nicht mehr so ein egoistisches Monster. Dass ich meinen Mann zum letzten Mal im Zorn gesehen habe, hat mich viel gelehrt … und was mir jetzt noch bleibt, ist, eine gute Alte zu werden.

Nachwort

Diesem Buch liegen circa 50 Stunden Interviews mit Uschi zugrunde, die sie mir in manchmal erschreckender Offenheit und unterschiedlichen Verfassungen, bei Tag oder Nacht über Wochen in einem alten Stelzenhaus in den Hollywood Hills gegeben hat. Ich fragte und sie antwortete.

Irgendwann nach Abschluss der gemeinsamen Arbeit zeigte ich ihr in freudiger Erwartung den ersten von mir bearbeiteten Teil des Manuskripts. Uschi rief am nächsten Tag an und sagte, dass sie mit dem Text unter keinen Umständen leben könne: Zu weit sei sie gegangen, es sei alles zu hart, zu düster, zu krass – na ja, manchmal auch witzig.

An Uschis Stimmfärbung merkte ich leider, dass Reden nicht helfen würde, und der Text trudelte in den Mariannengraben meiner Festplatte. Unsere Freundschaft litt, während ein anderes Buch über Uschis Leben erschien.

1998 brachte ich das mittlerweile vollständige Manuskript nach einem Gespräch mit Rainer Langhans zu der Münchner Filmfirma »Bioskop«, mit deren Unterstützung ich ein Drehbuch für einen Spielfilm daraus entwickeln wollte. Verfilmungsverträge wurden geschlossen, und immer wieder bot ich das Manuskript in der Zwischenzeit renommierten und weniger renommierten deutschen Verlagen und Agenten zur Veröffentlichung an und kassierte über 30 Absagen: »Wie kann man eine Frau so reden lassen? Die rennt ins offene Messer. Das muss vollständig überarbeitet und geglättet werden!« Niemand hatte den Mut, es so zu drucken und Uschi damit zur Freigabe zu motivieren – wie ich insgeheim gehofft hatte. Oder war der Text am Ende doch nur verstrahlter Schrott?

Der allmählich entstehende Film »Das wilde Leben« war ebenfalls extrem schwierig zu realisieren, was auch – aber nicht nur – an der Figur Uschis lag. War sie in ihrem Leben wirklich zu weit gegangen, war sie zu brutal, zu Lilith-haft und zu hedonistisch für eine traditionelle Heldinnenreise, wie sie der Film so liebt? Kann man sich dem dramaturgisch und biografisch wichtigen Prozess einer Transformation entziehen und trotzdem eine Sympathieträgerin sein? Oder war Uschi Obermaier es gerade deswegen? Immer wieder gab es heftige, zum Teil irrationale Auseinandersetzungen unter den Beteiligten über Uschis Charakter im Drehbuch und seine Bedeutung für 68, über die Rolle, die sie für unser Land gespielt hat und immer noch spielt. Die Einschätzungen ihrer Person gingen von »Das war doch bloß ein Groupie, sie hatte das politische Bewusstsein einer Amöbe! Macht lieber einen Film über Ulrike Meinhof!« bis hin zu »Sie verkörpert den modernen Typus Frau« und »Sie ist die Wurzel des Methusalem-Komplotts« – was alles zutreffend ist, doch die Wahrheit über sie lag für mich noch einmal woanders.

2005 flog ich mit der vorerst letzten Drehbuchfassung zurück nach Los Angeles, um Uschi für meine Version ihres Lebens zu gewinnen: eine Frau, die auf der Suche nach der Freiheit und dem ihr darin ebenbürtigen wilden Mann zur Barbarin wird, an der der wilde Mann schließlich zerbricht: Der wildeste Mann schien immer noch eine Frau zu sein.

Zum ersten Mal gefiel auch Uschi das Drehbuch, die erstaunlich wenig Probleme mit den zahlreichen Freiheiten hatte, die wir uns dafür hatten nehmen müssen. Dafür litt die Beziehung zu Rainer Langhans, der mit seiner Darstellung im Film unzufrieden war. Parallel wurde nach acht Jahren die Finanzierung für den Film beschlossen, und die Dreharbeiten unter der Regie von Achim Bornhak konnten beginnen.

Auch in die Buchgeschichte kam Bewegung, als der

Heyne Verlag sich der Sache annahm. Einzge Bedingung: keine wesentlichen Änderungen. Auch Uschi hatte das Manuskript in der Zwischenzeit noch einmal mit anderen, waghalsigeren Augen gelesen und gab es zur Veröffentlichung frei.

Olaf Kraemer
München und Los Angeles im Oktober 2006

Danksagung

Gewidmet all meinen Freunden, die mein Reichtum sind.

Besonderer Dank an:

Olaf Kraemer, Saskia Middelburg, Isabella Obermaier, Melitta Fitzer, Mele Scriba, Halko Weiss, Gaby Lange, Wally und Joyce Campbell, Inge Heimerl, Dale Gudegast, Rainer Langhans, Keith Richards, Brigitte Streubel, Frances Schönberger, Christa Ritter, David und Lizzy Rosefield, Suse Eichrodt, Walter Schönauer, Doris Bockhorn, Chris Wilhelm, Zora, Luna und Razzo, Kinza Kammra und Jale Arikan – und last not least den Mitarbeitern des Heyne Verlags für die durchweg angenehme Zusammenarbeit.

Uschi Obermaier
Topanga 2006

Olaf Kraemer bedankt sich bei Gisela Getty, ohne die Uschi und ich uns 1990 vermutlich nicht kennengelernt hätten, und bei Rainer Langhans für seine in schwierigen Zeiten noch immer wohlwollende Unterstützung bei der Veröffentlichung und Verfilmung dieses Buches.

Bildnachweis

Trotz intensiver Bemühungen gelang es dem Verlag in einigen Fällen nicht, den Rechteinhaber des jeweiligen Fotos festzustellen. Der Verlag bittet diesen oder eventuelle Rechtsnachfolger, sich mit ihm in Verbindung zu setzen. Er verpflichtet sich, rechtmäßige Ansprüche nach den üblichen Honorarsätzen zu vergüten.

Seite 6, 52, 106, 124; 168, 230, 246: **Privatfotos Uschi Obermaier**; Seite 18: © **Otto Heimerl**; Seite 38: © **Isabella Obermaier**; Seite 62: © **Bokelberg. com**; Seite 94: © **Bettina von Waldthausen**; Seite 114: © **Hans Feurer**; Seite 152: © **interfoto – Hug**; Seite 188: © **Jürgen Lische**; Seite 204: © **Münchner Freiheit**; Seite 254: © **Ulf Dannenberg**; Seite 262: © **Montfort/Intertopics**; Seite 274: © **picture alliance/dpa/dpa-web**

Farbbildteil:

- Seite 1 oben und unten: © Otto Heimerl
- Seite 2 oben und unten: © Isabella Obermaier
- Seite 3: © Hans Feurer
- Seite 4 oben: © Bokelberg.com;
  unten: © SV-Bilderdienst
- Seite 5: © picture alliance / dpa / dpa-web
- Seite 6: © Interview
- Seite 7: © Oskar Treichel
- Seite 8: © Bokelberg.com
- Seite 9: © Jürgen Lische
- Seite 10 oben: © Conti Press / keystone;
  unten: © Jürgen Lische
- Seite 11: © Montfort/Intertopics
- Seite 12 oben und unten: Privatfotos
  Uschi Obermaier
- Seite 13: © Oskar Treichel
- Seite 14: Privatfoto Uschi Obermaier
- Seite 15 oben: Privatfoto Uschi Obermaier;
  unten: © Jürgen Lische
- Seite 16: © Hadley Hudson

Rock- und Popgrößen bei Heyne

978-3-453-12115-7

Murray Engleheart und
Arnaud Durieux
AC/DC
Maximum Rock `n` Roll
978-3-453-12115-7

Anthony Bozza
Eminem
Whatever you Say I am
Die Biographie
978-3-453-64007-8

Sean Smith
Robbie
Die Biografie
978-3-453-87966-9

Steffen Chirazi
*So What! Die offizielle
Metallica-Chronik*
The Good, the Mad
and the Ugly
978-3-453-12044-4

HEYNE ‹